编著：BIG COMICS SPIRITS 编辑部 / 插图：KUBO Kiriko / 译者：于鬯

日本狂销超过200万册！风靡港台的最新人际关系攻略！

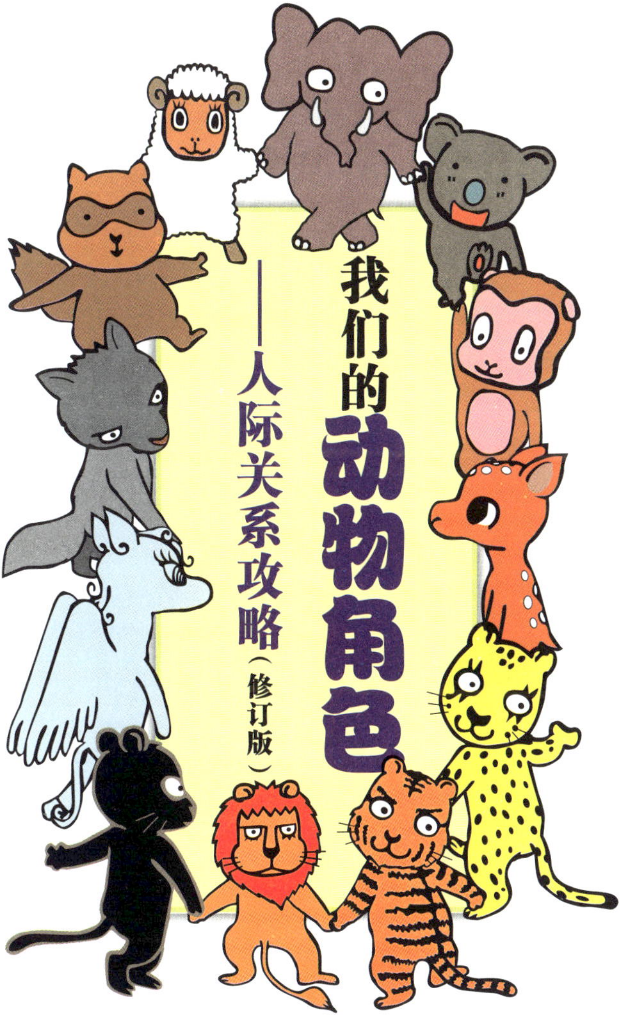

我们的动物角色
——人际关系攻略（修订版）

图书在版编目(CIP)数据

我们的动物角色:人际关系攻略/日本 Big Comics Spirits 编辑部编著;于冒译. -北京:华夏出版社,2011.10
ISBN 978-7-5080-6076-7

Ⅰ.①我… Ⅱ.①日… ②于… Ⅲ.①人际关系学-通俗读物 Ⅳ.①C912.1-49

中国版本图书馆 CIP 数据核字(2011)第 165960 号

人間まるわかりの動物占い 改訂版 by Big Comics Spirits 编辑部
ⓒ2005 DOUBUTSU URANAI 5 ANIMAL PROJECT
ALL rights reserved
Original Japanese edition published in 2006 by shogakukan Inc., Tokyo
Chinese translation rights in China (excluding Hong Kong, Macao and Taiwan) arranged with Shogakukan Inc.
through Shanghai Viz Communication Inc.

本作品由华夏出版社通过上海碧日咨询事业有限公司和日本株式会社小学馆签订翻译出版合约出版发行,中文简体字版权归华夏出版社所有。

版权所有 翻印必究
北京市版权局著作权合同登记号:图字 01-2010-4382

出版发行:华夏出版社
　　　　　(北京市东直门外香河园北里4号　邮编:100028)
经　　销:新华书店
印　　刷:北京中科印刷有限公司
装　　订:三河市李旗庄少明印装厂
版　　次:2011年10月北京第1版
　　　　　2011年10月北京第1次印刷
开　　本:787×1092　1/32 开
印　　张:5
字　　数:73 千字
插　　页:1
印　　数:1—10000 册
定　　价:20.00 元

本版图书凡有印刷、装订错误,可及时向我社发行部调换

译者序

承蒙华夏出版社的盛情邀请,几经周折,翻译完成这套丛书。

首先对华夏出版社深表歉意。因个人事务繁忙,书稿拖欠数月,终与广大读者见面。仅代表个人对华夏出版社的各位编辑表示由衷的歉意。也感谢华夏出版社的各位编辑,尤其是曾令真主编对我的关心和支持,没有你们的付出和支持,就不可能有本书的问世。

笔者在日数年,感受颇多。日本作为一个高度发达的现代社会,经济上的巨大成功给人们带来生活安定感后,越来越多的日本国民开始重视自我及他人内心深处的感受。如何与恋人相处并获得完美的爱情,如何与家人、同事搞好关系,如何让自己的生活变得幸福起来,成为日本现代社会大多数人的共同目标。在日本,以西洋占心术为代表的各类占卜方式非常流行,频频地出现在报刊、杂志和电视等主流媒体中。《动物占心术》也成为了最近日本人生活中津津乐道的话题。这种新型的占卜术,在日本获得了巨大的成功。

《动物占心术》作为一种全新的占卜模式，运用动物特性让每个人了解自己和周围人的做事方式以及想法。用生动形象的动物形象来代表人的性格，比如稳重的大象，或如亲切的小鹿；亦或是领导者的狮子，亦或是思维活跃的飞马。用生动的动物属性及通俗易懂的语言，将人与神秘的占心术紧密地联系在一起，让人感受到"占心术"亲和力的同时，也让人感受到其神秘莫测的一面。

感谢父母在翻译本书过程中对我无微不至的照顾和支持，感谢诸位朋友对我的理解和帮助，并由衷地感谢好友们在翻译本书过程中给予我的建议，没有你们的支持，也自然没有本书的出版。在这里顺便说一个小秘密，你们中的每一个人我都悄悄地用《动物占心术》测试过，有没有感受到我改变了与你们相处的模式呢？

闲话不多说，请大家进入正题，了解有趣而又神秘莫测的《动物占心术》吧。

于 喁

2011 年 6 月

目　录
contents

了解"速配度"，破解交际攻略　/1

● 现代人的沟通宝典

狮子·3/ 猎豹·4/ 飞马·5/ 大象·6/ 猴子·7/ 狼·8
无尾熊·9/ 老虎·10/ 黑豹·11/ 绵羊·12/ 狸猫·13/ 小鹿·14

在你的性格中也存在着"隐藏个性"　/15

Basic!
速配度·基本篇

每种天体都各自拥有会给个性带来强烈影响的行为特性　/20

● 操控个性的几种天体　/20
● 观察对方的行为模式　/20

太阳·22 / 地球·24 / 满月·26 / 弦月·28

太阳·地球·满月·弦月的能量组合　/30

太阳和地球的关系　/31
地球和满月的关系　/32

满月和弦月的关系 /33

弦月和太阳的关系 /34

满月和太阳的关系 /35

地球和弦月的关系 /36

Attack!
速配度·攻略篇

狮子攻略法 /38

猎豹攻略法 /46

飞马攻略法 /54

大象攻略法 /62

猴子攻略法 /70

狼攻略法 /78

无尾熊攻略法 /86

老虎攻略法 /94

黑豹攻略法 /102

绵羊攻略法 /110

狸猫攻略法 /118

小鹿攻略法 /126

一语道破朋友关系 /134

一语道破工作关系 /138

一语道破恋人关系 /142

一语道破亲子关系 /146

你的动物个性是什么？ /151

了解"速配度"，破解交际攻略

在深获好评的《动物占心术—人际关系攻略》一书中，主要是以12种动物个性的性格特征来做介绍的。

本书中，我们又进一步研究了同一种动物个性之间的速配度、性格特征（行为特征），提供给各位有效的攻略方式。

和他人建立良好的关系应该注意哪些事？如何对待不好应付的上司？和父母在意见上总是发生冲突，应该如何改善？小孩应该如何培育才会成长进步？这本书记载了许多可以积极改善人际关系的小点子。

在《动物占心术—人际关系攻略》中也介绍过，12种动物个性各有所属的天体——太阳、地球、满月、弦月。

这几种天体是了解彼此"速配度"的关键。天体会给你的性格行为带来很大的影响。

"明明在当朋友时相处得很愉快，自从有了工作上的地位高低之分后，却总是起摩擦。"

"这个人如果不是我父母，一定可以成为朋友的……"

人际关系攻略

等，应该谁都会有过这样的想法！这是因为角色扮演的立场转变了，导致同天体的力量差异妨碍了和谐的人际关系。

了解每个角色的"性格特征"、天体赋予各个角色的"行为特征"、同天体的能量关系之后，才能看出速配度来。

现代人的沟通宝典

我们将以基本篇和高级篇，详细地为各位介绍几种天体的影响和能量关系。有了这份参考资料，在了解对方的行为特征和弱点之后，如果能保持体谅的心情去对待，人际关系的展开必定会变得丰富、愉快。

在卷末，附有针对朋友、上司、部属、恋人、亲子各关系的速配表，和网罗了104个年份各角色的一览表。所以请各位先查阅角色和速配表之后，再去了解攻略法。

靠这本书就可以完全解析所有的速配度，并期望本书可以成为现代人的沟通宝典，提供有效的参考资料。

下一页开始是"这就是12种动物个性"，请再次确认自己的角色。在这之后，有再往前跨一步的《人际关系攻略》等着你。

- 喜欢被称赞，享受特殊待遇。
- 谈话中会连续出现"很……"、"绝对……"这类的词语。
- 是一旦确定之后，就不会再更改的老顽固。
- 凡事不完美，便会不舒服。
- 自己不完美时，会把责任推给别人。
- 不透露自己的弱势，对他人的要求非常严格。
- 不仅尊重自己，也尊重他人的自由。
- 由于很在意面子，所以外表打理得很体面。
- 是靠累积经验来掌握实力的现实主义者。
- 在问候、态度等礼仪方面要求相当高。
- 被责骂时也不虚心认错。
- 处事不凭直觉和第六感觉（因为迟钝？……）。
- 虽然强势，却爱撒娇。
- 看到精细的数字，大脑会拒绝反应。
- 因为懒得挑选，所以宁可买名牌。
- 可出乎意料地接受无聊的笑话和老掉牙的噱头。
- 讨厌打扫，房间很脏乱。
- 睡眠不足和腹中空空时会心情不好。
- 不喜欢热恋，喜欢慢慢培养。
- 因为晚熟，所以晚婚更容易幸福。

太阳族群

狮子

心胸开阔，完美主义，享受国王般的待遇，不擅长粗重的工作。

人际关系攻略

太阳族群

猎豹

超活跃,自尊心很强,喜欢挑战。
着手快,放弃也快,3分钟热度。

- 着手做事情的速度,天下第一。
- 充满开朗及华丽的气息。极端的超正面思考。
- 失败后恢复的速度快到会让周围的人吃惊。
- 结果显然是失败的,但本人却无察觉。
- 有强烈的成功意愿。
- 如果要赢,就要远胜第二名。
- 障碍越大越能燃起斗志。
- 不擅长竞争,马上就会放弃。
- 自尊心很强,最怕出丑。
- 好奇心强,知道有新的事物会马上扑过去。
- 虽然头脑反应快,但常会不懂装懂而说错话。
- 暗地里觉得自己比谁都聪明。
- 爱说大话,态度强硬。
- 凡事喜欢断定。
- 自以为了解各种事物,其实不然。
- 喜欢在人前装模作样。
- 尊重隐私权和人权。
- 即使经历千辛万苦,也不会表现在脸上。
- 总是追求新的恋情,情场经验丰富。
- 不喜欢被询问过去的异性关系。

- 不刻意隐瞒自己是个喜怒无常的人。
- 特别讨厌束缚和干涉的自由人。
- 天生具有马上就开窍和发挥的能力。
- 凭感觉行事，习惯无故失约。
- 最讨厌无聊、麻烦的事。
- 如果接受了很琐碎的指示就会失去工作的兴趣。

飞马

太阳族群

是个会让感性自由飞翔的天才。讨厌束缚，让人难以捉摸。

- 容易烦腻，对事物不执著。
- 即便点头也不代表把别人的话听进去了。
- 会一声不响地突然不见人影。
- 有时自己都弄不清楚自己在想什么。
- 经常被人批评做事不得要领。
- 一旦陷入低潮，就需花很长的时间恢复。
- 喜欢豪华绚丽的事物。
- 喜欢夸张的表现。
- 擅长社交辞令。
- 工作上的付出和回报不一致，以致有时会钱包空空。
- 对名誉和财产完全不关心。
- 可以发挥不可思议的潜力。
- 在恋爱方面，容易因为自己感到寂寞而被迷惑。
- 期待彼此拥有自由立场的婚姻。

人际关系攻略

大象

太阳族群

有威严！发威时会让人恐惧的大人物，直觉很敏锐，害羞的实干家。

- 决定的事，一定会做到底。
- 还没思考就会先付诸行动。
- 如果经常拥有热衷的事物，便无法积极努力。
- 与从容不迫的外表相反，其实内心一直存在着不安的情绪。
- 喜欢若无其事、耕耘努力的人。
- 被别人称赞为实干家时会生气。
- 脚踏实地，可以在任何领域大放异彩。
- 虽然耳朵大，但是不听他人的建议。
- 话少，但言语中带有威严。
- 会无意中说漏了嘴，事后无法弥补。
- 笨口拙舌，不会说奉承话。
- 会不断忍耐，发威时很吓人。
- 会说出给对方重重一击的一句话。
- 单纯，没有欲望，不考虑得失就行动。
- 拥有适应任何环境的灵活性。
- 有在人屋檐下不得不低头的处世方法。
- 不会怠慢事前疏通的协调者。
- 能够清楚划分敌我界限。
- 在恋爱方面非常不擅长积极的追求方式。
- 婚后会成为诚实可靠的伴侣。

- 活跃到几乎没有安静下来的时间。
- 如果被多捧、多称赞，就会发挥出超越平常实际的能力。
- 无微不至地照顾身旁亲近的人。
- 擅长营造气氛，有时会被人批评成帮腔的人。
- 处于拘谨的气氛中时，会觉得快要窒息了。

猴子

地球族群

被众人喜爱，带着天真无邪笑容的红人。
很活跃，却很容易忧虑的人。

- 喜欢抓人话柄。
- 有强烈的好奇心及同情心。
- 接受他人的指示时容易知道如何行动。
- 出乎意料地容易相信他人，也容易被他人骗。
- 自以为是的冒失鬼。
- 手指头、指尖很灵巧，也很会模仿别人。
- 有艺术方面的才能。
- 多数对金钱会精打细算并且储蓄。
- 有如同孩子般天真无邪的自尊心。
- 会因小事而变得感情用事。
- 多数喜欢照镜子。
- 讨厌吃苦，不擅长处于逆境。
- 吵架时很懂得伺机进退。
- 在恋爱方面，容易处于朋友和恋人之间的位置。
- 婚后会珍惜伴侣。

人际关系攻略

狼

地球族群

- 重视属于自我的独创性。
- 生活上有自己独特的一套做法。
- 绝不会弄乱自己的步调。
- 把自己的步调强加于人。
- 不擅长随机应变。
- 一定会确保自己独处的时间。
- 初次见面会给人留下难以相处的印象。
- 在团体中擅长为了控制场面而帮别人的忙。

怪人。是个个性多样化的创意人。虽然很自我,但很会控制场面。

- 偏袒自家人的毛病很严重。
- 即便和别人说话,也一定会回到自己的话题。
- 会以内涵深刻的话语让周围的人感到紧张。
- 一天之中所说的话都有所不同。
- 有欺善怕恶的倾向。
- 情绪的变化如同天气预报。
- 喜欢做笔记、拟定计划。
- 喜欢针对任何事做评论。
- 喜欢开车和长距离的步行。
- 多数喜欢皱眉。
- 总是以结婚为前提谈恋爱。
- 婚后会是很注重细节的类型。

- 没有发呆的时间就无法努力。
- 服务精神旺盛的宴会红人。
- 白天懒得动,晚上变得精神饱满。
- 看准未来拟定计划。
- 因为懒得动,所以先盘算好再行动。
- 愉不愉快是判断所有事物的标准。
- 喜欢热闹的感觉。
- 即使和讨厌的人也可以就事论事地相处。
- 讨厌竞争,绝对不吵架。
- 脑筋好,可以一边想事情一边和你聊天。
- 有天才的找借口能力。
- 不参加没有胜负的比赛,谨慎派作风。
- 疑心病很重。
- 有时候会愁眉不展。
- 被欺骗时会产生很深的怨恨。
- 是个爱做梦的浪漫主义者,同时又很实际。
- 拥有很敏锐的感性和第六感觉。
- 最喜欢温泉和温暖的地方。
- 对异性的喜好范围很广,也会很积极地交际。
- 婚后会有转移目标的倾向。

无尾熊 地球族群

彻彻底底的快乐主义。浪漫主义者。不露出马脚的策划家。

人际关系攻略

老虎 地球族群

将杰出的平衡感当做武器，从容不迫的领袖气质。很会照顾人，很有人情味。

- 具有自由、平等、博爱的精神。
- 非常重视自己的步调和生活的环境。
- 不休息、不停地工作。
- 大多会给人以华丽的印象。
- 非常擅长衡量周围，是协调性的领袖型人物。
- 不会小里小气，从容不迫。
- 深信自己是对的。
- 具有有志者事竟成的毅力，是个拼命三郎。
- 为了赢得到较高评价，不会中途放弃。
- 凡事仔细处理。
- 虽然样样通，但是样样不精。
- 不说谎。
- 有时会笑着说些严厉的话。
- 听到不欣赏的话就会引起争执。
- 无法容忍不服从的人。
- 遇到慢吞吞的人就会焦躁不安。
- 如果不中意的话，就会光明正大地退货。
- 擅长对周围的环境做精准的计算。
- 最佳的老婆人选。
- 婚后会掌握家庭的实权。

- 非常拘泥面子和自尊心。
- 想潇洒地成为所有事件的中心人物。
- 被周围的人注意到就会很高兴。
- 好强,想比人家快一步。
- 心里想的事容易表现在脸上。
- 是个容易受伤、天真无邪的人。
- 多愁善感,很容易因为小事而闹情绪。
- 因为不想让别人看到自己的弱点,所以无法变得开朗。
- 聊天时很容易转到自己的话题上。
- 会为新产品、新情报等新的事物着迷。
- 3分钟热度,经常换工作。
- 拥有出众的流行感。
- 具有强烈的正义感,容易在别人说话时插嘴。
- 凡事如果不分辨出个是非,就会心情不好。
- 有点多管闲事。
- 有些地方极具攻击性。
- 身处逆境时会燃起反抗精神。
- 朝气蓬勃,想永远成为目前从事行业的佼佼者。
- 在恋爱方面采取的是积极的追求方式。
- 希望婚姻生活按照自己的步调去展开。

满月族群

黑豹

潇洒地走在时代前沿的计划者。出乎意料地在意周围的眼光。

人际关系攻略

绵羊

满月族群

客观、冷静地指责常是一语道破。很会照顾人。很害怕寂寞。

- 总是喜欢和别人在一起,很害怕寂寞。
- 被同伴排挤时,会非常伤心。
- 当别人找他商量事情时会很高兴。
- 帮朋友非常热心,可以维持长久的友谊。
- 不会疏于联络,会一步一步地建立起人脉。
- 讨厌扰乱团体和谐的人,有互助的精神。
- 自己遵守约定和时间,也会同样要求别人遵守。
- 对他人的喜恶表现得很明显。
- 有时或许会成为不听他人意见的老顽固。
- 很会发牢骚,喜欢唠叨个不停。
- 会冷静地做出客观判断。
- 很擅长发表恰当的且一语道破的言辞。
- 做什么都很细心,拥有出众的集中力。
- 不太会说出自己真正的想法。
- 用钱的方式很恰当,喜欢储蓄。
- 擅长搜集、分析情报。
- 想成为为社会、为别人服务的人。
- 擅长推销自己。
- 在恋爱方面属热恋派,不放过所有的机会。
- 婚后会构筑起模范家庭的生活方式。

- 会随便答应别人的要求。
- 可以把任何东西变成自己的资本，拥有出众的吸收力。
- 会把别人说的话变成是自己说的话。
- 完全没有根据，却很自信。
- 非常健忘，甚至会忘记重要的事情。

狸猫
弦月族群

会热情地答应别人，待人态度受欢迎，善于处世。天生脑筋迟钝，讨人喜欢。

- 即使被大家认为是不负责任的人，自己却仍不自觉。
- 天生脑筋就有点迟钝。
- 言行毫无恶意，很讨人喜欢而不会遭憎恨。
- 平静地等待可以发挥实力的机会。
- 凡事皆以经验和实际成效作为判断的标准。
- 也会受到长辈们的疼爱。
- 年少却拥有看透人生般的淡淡风情。
- 经常使用"还轮不到你呢"之类的话语。
- 并不排斥扮演居幕后的角色。
- 不会拘泥于地位和金钱。
- 曾像狸猫转世般时髦变身。
- 喜欢寻找能让自己小憩之处。
- 属于中年开运、大器晚成型。
- 在恋爱方面是胆小鬼，习惯等待。
- 结婚后眼里只有先生（太太）一人。

人际关系攻略

小鹿 弦月族群

警戒性高，好奇心强，八面玲珑。喜欢爱别人或被别人爱。是个爱撒娇的孩子。

- 面对初次见面的人有戒备心，不太会交谈。
- 因为胆小，所以强烈的好奇心容易退缩。
- 成为好朋友后就会开始变得任性。
- 无法确认他人对自己的好意时会感到不安。
- 比一般人加倍地想被人喜欢。
- 非常依赖周围的人。
- 即使不特别拜托，大家还是会前来照顾。
- 天真无邪，无穷的魅力是吸引人的地方。
- 只要他本人在，周围就会充满欢快的气氛。
- 不懂得运用手腕，不会出现表里不一的行为。
- 平常会把自己的脾气隐藏起来，一旦发威会很凶暴。
- 只会去熟悉的地方，所以行动范围很小。
- 会把自己挑三拣四的习惯隐藏起来，所以会囤积压力。
- 最讨厌强硬的语调和过分激烈的举动。
- 大多非常喜欢肌肤之亲。
- 擅长培育人才、教育人。
- 向人借钱和借东西的本事很强。
- 不知为什么，多数人在意添加物。
- 不会去谈游戏般的恋情。
- 结婚之后，理想中的生活方式是创造安定快乐的家庭。

在你的性格中也存在着"隐藏个性"

隐藏个性,就是平常潜藏在人的内心深处,有点神秘的"另一个自我"。

《动物占心术》是以东方最古老的阴阳五行之学说为基础,加上社会心理学、行为心理学的分析,参考众多的信息,灵活地运用电脑而推论出的动物个性。

将出生年月日用天干地支的各种排列组合去分类,会得到如同第16页的结果,让我们知道在每个人心中都有5种动物个性共存着。"本质个性"、"表面个性"、"决定想法的个性"、"希望个性"、"隐藏个性",这些并不是以相同的力量关系共存,毕竟决定基本个性的还是"本质个性",只是4种个性会在各种状况下露脸,不论是谁,都拥有复杂人性的多种个性。思考的周密性是"人际关系攻略"的最大魅力,也是广受关注的原因。

有没有感觉到在你心中也存在着这些个性呢?特别是"隐藏个性",在平常它隐而不显,沉睡在心中。遇到非常事件时就会不自觉地突显出来。

不止"隐藏个性","本质个性"以外的4种个性也是帮助你深入了解自我的关键。

而且在《动物占心术》的第3集中,预定将这个大家深感兴趣的"5种动物本能"列为主题,敬请期待!

接下来,在我们复习完12个角色的个性之后,终于要进入本书的研究主题——"速配度"的基本篇和攻略篇了。

人际关系攻略

任何人都拥有的 5 种动物本能

在公司和客户那里表现出紧张情绪时是"表面个性";准备安排工作的步骤和出游计划时流露的是"决定想法的个性";当在幻想"如果我当初这样做就好了"的时候,"希望个性"就会露脸;在喜欢的人面前不停地紧张时,会脱口说出意想不到的话,这时表现出来的是"隐藏个性"。"本质个性"总是支持着其他 4 种个性。《动物占心术》是一门深奥的学问。

从第3~14页，在动物特性的右上角都配上了所属的天体（太阳，地球，满月，弦月）。

速配度・基本篇

对12种动物个性的性情有了深刻的认知后,就得继续掌握决定个性行为的天体。太阳・地球・满月・弦月之间,隐藏着记忆个性DNA的行为模式,要了解速配度,先决条件是了解天体之间的相关性。只要了解了这个,就可以预知周围的人下一个举止为何了!

人际关系攻略

每种天体都各自拥有会给个性带来强烈影响的行为特性

● 操控个性的天体

太阳——顺应状况型,以自我为中心。
　　　　是狮子、猎豹、飞马、大象所属的天体。
地球——达成目标型,以自我为中心。
　　　　猴子、狼、无尾熊、老虎所属的天体。
满月——达成目标型,以对方为中心。
　　　　黑豹、绵羊所属的天体。
弦月——顺应状况型,以对方为中心。
　　　　狸猫、小鹿所属的天体。

顺应状况型:根据当时的状况随机应变地处理事情。
达成目标型:无论遇到什么情况,都会朝着之前定下的目标前进。
以自我为中心:行动的基准是自己,按照自己的想法去行动。
为对方为中心:行动的基准是对方,抑制自己,优先考虑对方的想法。

● 观察对方的行为模式

从这些行为特性中,天体之间会发生强弱的力量关系

（参照30页的图）。从阴阳五行学说的天干地支中推算出来的行为的倾向，会对根深蒂固的性格产生影响，换言之就如同刻在DNA上的基因一样。

其中顺应状况型和达成目标型分开的界限很清楚，就如同狩猎民族和农耕民族之间的区别一样明显。两者之间容易因为小的事情而产生误解，这就是压力产生的原因。

了解12种动物角色，加上理解天体的行为特性以及相互之间的力量关系后，就能够构筑圆满的人际关系，比如说在DNA水平上的力量关系微弱，只要能明白对付的方法就可以了。今后与人相处时，不仅这个人的动物属性，这个人所属的天体也要有意识地去观察。这样就能够看到对方的行为模式。

人际关系攻略

 **太阳**

顺应状况型（以自我为中心）——狮子、猎豹、飞马、大象。
关键语——希望被认为是"优秀的人"。
原动力——不安的感觉。
天体间的力量关系——比满月、弦月强，比地球弱。

外表：

活泼大方，向周围散发能量，是那种让人感觉到强大的引人注目的类型。多数是大嗓门，态度也有点骄傲。但是，这并不是因为他（她）们自以为是，而是因为他（她）们光彩迷人。理论性的说话方式和斯文的表现并不出众。说话经常用感觉性的"特别"、""绝对"、"完美的"等之类的夸张表现，"这个"、"那个"也经常使用。

思考：

不擅长深思熟虑。说白了就是单纯。虽然乍看起来很乐天、很没头没脑，其实只是懒得考虑未来的事情罢了。属于"船到桥头自然直，只要当场能对付就行了"的这种粗枝大叶的思维方式。很讨厌"努力"、"精益求精"这样的语言，因为并不觉得有什么了不起。

行动：

因为心中一直觉得有被什么东西追赶似的不安的感觉，所以在外面会显得非常强势。但是正因为有这种不安的感觉存在，经常拼命地努力向前。努力的结果自然是被周围人称赞，被周围人所认可，减轻心中的不安，从而高兴起来。因为本性单纯，经常会看到他（她）们快乐的一面。周围人的赞扬，会让他（她）们有超常的发挥。

攻略法：

做什么事情都嫌麻烦的他（她）们，没有听别人絮絮叨叨的耐性，所以解释的时候用简单的总结方法比较好。如果能用夸张的表现手法会更加有效。因为他（她）们是根据心情来行动，所以在他（她）们心情不佳的时候别去理会是最好的方法。太过关注反而会引起他（她）们反感。这个群体中的人之间的约定不要太过在意。即使是破坏了约定，过度指责也会使事态恶化，他（她）们是禁不起打击的人。同样，因为没太深的仇恨，所以即使吵架也不会记恨太久。

人际关系攻略

 **地球**

达成目标型（以自我为中心）——猴子、狼、无尾熊、老虎。
关键语——希望被叫做"能做成事情的人"。
原动力——金钱和物品。
天体之间的力量关系——比太阳强，比满月、弦月弱。

外表：

认真对待身边的事物，脚踏实地地处理好每天的生活和工作，通常情况下是被社会所认可的类型。讨厌浪费，在金钱上懂得精打细算。所以，为了找到便宜的商品，即使走很多家商店也不会觉得辛苦。有时会被认为是小气的人。不过，依然让人值得信赖。

思考：

扎扎实实地定下目标，向着目标合理地完成所有的事情。总是在探寻高效率的方法，即使被周围的人说爱计较也不在乎。把自己的目标用金钱和物质来形象化，拥有把生活变得更好的坚实信念，以及不怕输的决心。

行动：

喜欢按计划行事，对于突发事件有时无法很好地处理。

因为非常顽固,在关键时刻也喜欢坚持自己的做法,或许因此而招人讨厌。在日常生活中,按照固定的生活模式去进行,即使是烂醉如泥地回家,也一定要刷牙、洗脸,甚至去完成每天的健身运动。地球族群的人即使身体不适也会一如既往地工作,很容易过度疲劳。

攻略法:

比起什么来都重视结果的地球族群的人,跟他(她)们交谈的时候应先从结论开始,这样能引起他(她)们的注意。对目标之外的事情不太关注,和这个族群的人有约会一定要遵守,如果无法及时赶到一定要提前通知。认可他(她)们的能力是让他(她)们高兴的最佳办法。即使是开玩笑的语气打击他(她)们,也容易让他(她)们因为不服输的较真劲儿,真的发起脾气来。当他(她)们真的生气的时候,用点小礼物来道歉,就立刻会被他(她)们原谅。地球族群的人是那种希望用形式来表达诚意的类型。

人际关系攻略

 **满月**

达成目标型（以对方为中心）——黑豹、绵羊。
关键语——希望被人认为是"好人"。
原动力——计划立案。
天体之间的力量关系——比地球强，比太阳、弦月弱。

外表：

不会抢着出风头，但是会自然地把人聚集在一起。这类人喜欢成为中心，引人注目，一旦成为中心就会变得很高兴。与他人合作时，满月族群的人会把整体的协调作为优先考虑的对象，从而能够妥善地应对问题。不过，如果自己的努力不被周围人所认可，也会常常发牢骚和抱怨。偶尔自尊心强，又容易情绪化，但他（她）们却觉得自己有冷静的一面。

思考：

喜欢理性思考，一旦设定目标就很难改变。对于预想之外的事情，处理起来会非常困难，所以事先就会对各个方面进行考虑。以对方为中心的人，大多时候，为了达成自己的目标而无条件服从对方，这样容易给自己造成压力。

行动：

喜欢制订计划，为了达成计划，会在严密的计算之下，制作含有新情报的图表，有时会因做成计划而高兴。当计划建立起来之后就会开始放松，所以偶尔会中途宣告计划失败。另外，很健谈，心里想的事情会表现在脸上，很容易被周围的人看透。

攻略法：

谈话的时候，从头到尾不要省略地按照顺序来告诉他（她）们比较好。一定要遵守约定，即使事先告知无法赴约，还是会让他（她）们觉得被漠视。吵架的时候，因为他（她）们的自尊心很强，所以一般不会主动道歉。不容易怀恨在心，所以在不长的时间内用情意来打动对方就能够修复友谊。跟这类人经常保持联络、商量事情，表现出对他（她）们的尊重不失为良策。会把别人的委托视为对自己的信赖。

人际关系攻略

 弦月

顺应状况型（以对方为中心）——狸猫、小鹿。
关键语——希望被称赞为"人格高尚之人"。
原动力——探讨之心。
天体之间的力量关系——比满月、地球强，比太阳弱。

外表：

不习惯引人注目，自己从不主动开始行动，会让周围的人担心的性格。不喜欢对立和过激的语言。乍一看起来，好像什么事情都围绕着别人来做，其实他（她）们是在为了协调周围而做出的自我牺牲。有时也是在等待能够让自己大放异彩的机会。从周围人身上获得帮助，从而使自己在不知不觉中成为众人的中心而活跃起来，如同台风风眼般的存在。

思考：

为了与他人状态协调，一直都想着去调整自己的状态。比起结果来，更加在乎过程。即使不能按照最初的计划去完成任务，也不会太过在意。这个时候，他（她）们会根据状况，巧妙地改变自己的方向，找到自己最感兴趣的，继续前进。求知欲旺盛的他（她）们，经常会提问，有着

如同孩子般的好奇心。

行动：

过于谨慎，有时会让周围人疑惑不解。经常没有决定性的态度，话语也暧昧，容易让人认为是犹豫不决。对于强烈推荐的东西从不拒绝，也容易被人欺骗。当然，也因为心地善良，身边朋友会越来越多。

攻略法：

被问到"为什么"、"怎么会这样"的话时，他（她）们会按照顺序一步一步详细地介绍给你。如果因为有事而需要改变事先与他（她）们的约定，一定要在事后做详细地解释。因为他（她）们不喜欢吵架，所以一般不会出现对立情绪。即使你们的关系有些裂痕，因为他（她）们是不会主动改善的，所以请你主动改变这种不良的关系。对于弦月族群的人来说，比起直接表扬他（她）们，还不如通过其他间接的方法让他（她）们知道更好。

人际关系攻略

太阳・地球・满月・弦月的能量组合

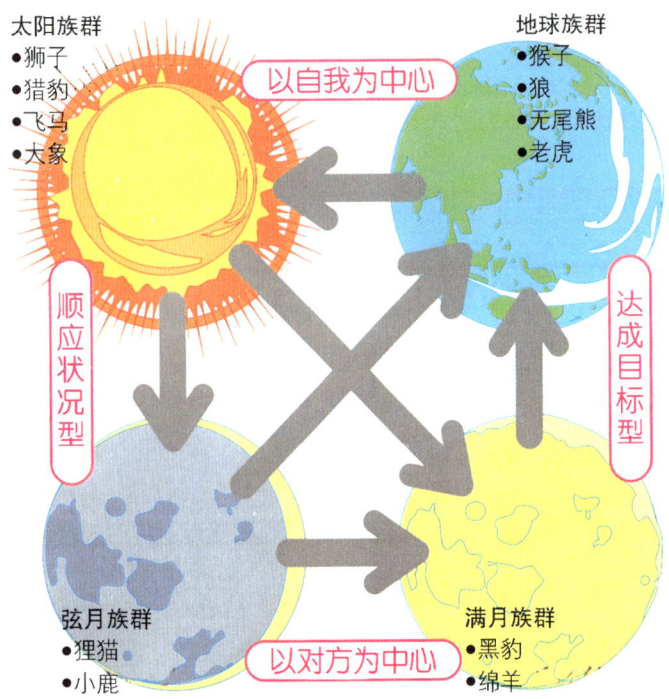

箭头的方向表示两个天体之间的影响关系，粗略地以"→"的方式表示强弱。不过，影响的方式也会因状况的不同而产生微妙的变化，如果是：上司→部属、男→女、父母→孩子，能够自然地形成良好关系，一旦变成：上司←部属、男←女、父母←孩子，力量关系无法吻合，就容易产生摩擦。

- 猴子
- 狼
- 无尾熊
- 老虎

- 狮子
- 猎豹
- 飞马
- 大象

太阳和地球的关系

胸襟开阔的太阳族群的人，是凭借感性与实际行动的顺应状况型。即使想要做成一番大事业，也往往因为做事情时耐力不足而失败。这一点上，地球族群的人是擅长合理地处理事情顺利进展的达成目标型。处理自己做不到的部分的太阳族群的人，会将地球族群的人视为可以合作伙伴的同时，也会有"不配当我助手"的这种不满意之感。

因为太阳族群的人会把心之所想表现在脸上，对于地球族群的人而言，是个好应付的对手。地球族群的人尊敬太阳族群的人，能够一边好好利用太阳族群的人一边发挥自身实力。地球族群的人能够展示自己，与太阳族群的人的帮助密不可分。

例如，在朋友之间的关系中，如果对手是地球族群的人，不知为什么，太阳族群的人就会乖乖地顺从。一直作为周围领袖的太阳族群的人会神秘地被压下去。但是无论怎么都没有压迫感，只是有种被地球族群的人利用的感觉，稍微有些不信任感。

人际关系攻略

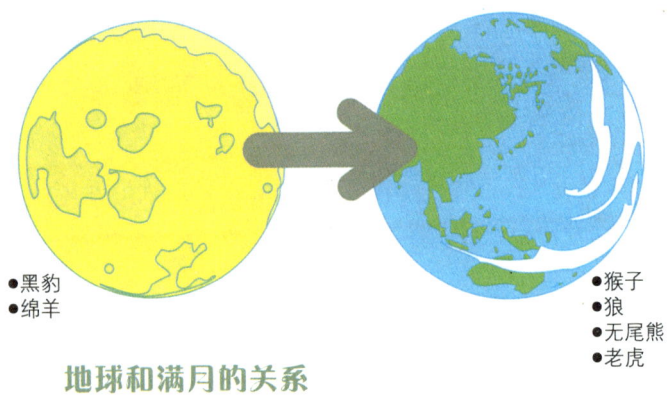

- 黑豹
- 绵羊

- 猴子
- 狼
- 无尾熊
- 老虎

地球和满月的关系

对重实际、重物质和金钱这类有形东西的地球族群的人而言，情绪化、对人敏感的满月族群的人是不可忽视的存在。同为达成目标型，面对目标，勇往直前的想法虽然非常相似，但是姿态却完全不同。

满月族群的人，即使压抑自己也要将团队的和谐放在第一位。对于把自己的步调看得比什么都重要的地球族群的人来说，满月族群的人的行动就如同谜团，让他（她）们充满兴趣。也因为满月族群的人会时时关心周围人的感受，基本上来说，地球族群的人是尊重满月族群的人的。

例如，上司和部属的关系，满月族群的人若为上司的时候，地球族群的人尊敬上司，形成圆满的关系。一旦相互力量关系较弱的地球族群的人成为上司时，就不能完全控制会因周围状况而改变心境的满月族群的人的心。地球族群的人会很多心，最终乱了自己的步调。

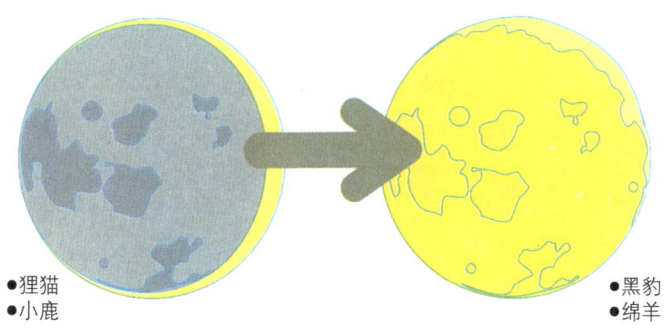

- 狸猫
- 小鹿

- 黑豹
- 绵羊

满月和弦月的关系

即使同样都是会配合他人的月亮族群的人，行动方式也大不相同。例如，凡事喜欢按照计划进行的满月族群的人，和按当时状况处事的弦月族群的人就正好相反。

总是担心他人情绪的满月族群的人不会积极地提出行动，会让比自己还需要被别人重视的弦月族群的人感受到他（她）们的自卑感。但因为弦月族群的人完全没有意识到这一点，所以经常是满月族群的人在唱独角戏。

例如，工作上的竞争对手关系。有时力量关系较弱的满月族群的人，由于无意识的自卑感，让弦月族群的人燃起了超越他（她）们的竞争意识，拼命地努力，到最后是白忙一场。

另一方面，弦月族群的人的对手如果是满月族群的人，会从一开始就觉得可以从容不迫。弦月族群的人不会被对方迷惑，而且会聚精会神地工作，结果成绩会超过满月族群的人，甚至会拉出一大段的距离。

人际关系攻略

●狮子
●猎豹
●飞马
●大象

●狸猫
●小鹿

弦月和太阳的关系

即使同样为顺应状况型,按照自己想法行动的太阳族群的人,和会依对方的状况而改变自己行动模式的弦月族群的人相比,太阳族群的人会掌握主导权。对以对方为中心的弦月族群的人而言,这并不会感到苦恼,被动的弦月族群的人会被太阳族群的人深深地影响。

在弦月族群的人的怀里会让人感到安详,即使对总想控制事物的太阳族群的人而言,不但自己原本的力量可以轻松发挥,而且还觉得很舒服。

但是,这种均衡的关系,也会随着状况而产生微妙的变化。

例如,恋爱关系。太阳族群的人如果是男性,弦月族群的女性的任性和缺乏依靠的个性显得很可爱,会让人想去保护她们。

弦月族群的人如果是男性,太阳族群的女性的开朗、积极、干劲、强迫人的个性便会看得很明显,会让人想逃跑。

- 狮子
- 猎豹
- 飞马
- 大象

- 黑豹
- 绵羊

满月和太阳的关系

擅长配合对方的满月族群的人，似乎会被太阳族群的人弄得无可奈何，晕头转向。对达成目标型的满月族群的人而言，要按照太阳族群的人的心情来行动是有些麻烦。但由于太阳族群的人的能力和坚持，在不知不觉中还是深深地受其影响。两者容易形成这样的关系。

太阳族群的人无法解读满月族群的人的这份心情，和保守的满月族群的人在一起时会觉得安心。比较起来，较多时候都是满月族群的人在忍耐。

例如，兄弟姐妹之间。如果太阳族群的人比较年长，满月族群的妹妹（弟弟）会将强硬的态度视为值得信赖的行为来接受。

但是，如果是满月族群的人比较年长，太阳族群的人的力量会让满月族群的人感受到一股无法抵抗的不当压力，似乎会变成反目成仇的关系。

人际关系攻略

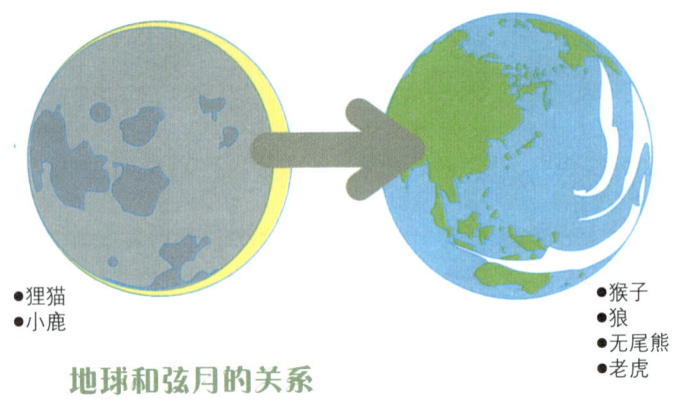

- 狸猫
- 小鹿

- 猴子
- 狼
- 无尾熊
- 老虎

地球和弦月的关系

对喜欢脚踏实地的生活、真正掌握自己行为的地球族群的人而言,弦月族群的人的存在是不可思议的。弦月族群的人会因状况而产生各种变化,有着无法预测的行为模式,这确实是拥有自己步调的地球族群的人所不能理解的。这看起来有种神秘感。

地球族群的人无法将这样的弦月族群的人放到自己的框框里,而会把他(她)们视为不是自己的对手而另眼相看。弦月族群的人面对包容自己的地球族群的人会说些任性的话或撒娇。两者之间容易产生这样的关系。

例如,亲子之间。如果弦月族群的人为人父母,为人子女的地球族群的人对父母会隐藏着一颗无限的尊敬之心。但如果地球族群的人是为人父母,情形则完全相反。弦月族群的人的柔软性看起来会像是随便的态度,为人父母的地球族群的人会因担心而唠叨地干涉。

速配度·攻略篇

　　彻底解析想成为好朋友、恋人,想好好交往的对象!在办公室、约会时,在家庭中,他(她)们是个会采取何种行为的人?读了本篇后,必定会让你一目了然。不管遇到任何人、任何情况,都能做出掌握对方想法的应对。接下来便是有助于人际关系的实用宝典,用"12种动物个性攻略法"来完全解析对象。

人际关系攻略

狮子攻略法

 友人篇

见面初相识

对待狮子性格的人要坦率。初次见面时邀约一起去唱卡拉OK，如果拐弯抹角，他（她）们会对你敬而远之。

成为好朋友的方法

找到他（她）们的优点，不停地给予赞美。如果凡事赋予他（她）们决定权，他（她）们就会很高兴。

吵架时

虽然不是会长时间持续愤怒的人，但仍要迅速地解决。请前辈或是高官等有权威的人居中调解会很顺利。

购物时

要他（她）们陪同去逛商店会不高兴。喜欢在一个高档场所就可以买齐所有东西。

移动电话·电子邮件

移动电话总是处于留言状态。不高兴的时候就不会去确认电子邮件。如要联络，打电话是最实际的方式。

不可冒犯的禁忌

如果采取随便对待和轻视的态度，他（她）们会受到超乎预想的伤害。

工作篇

有效的征人广告重点

例如:"掌握微观经济动向的全程技术!"如果是传达一个感觉,即使语意不明也具吸引力。

胜任的工作

业务、广告。缺乏提出周密想法的耐性,擅长对外推销商品。

下达命令时

不听过细的指示。说明要简洁,言语中带有"完整"、"绝对"这样的词会让他(她)们很快就能理解。

斗志一点灵

"只有你才办得到!"赋予优越感是最好的办法。"不愧是……"等有冲击力的一句话也很有效。

若为上司

多奉承、多尊敬他(她)们。有礼貌、精神抖擞地服从他(她)们,一定会受到偏爱。

若为部属

有强烈的责任感,是个值得信赖的部属。由于无法把工作交给他人去进行,所以容易一个人把所有工作扛下来。

若为竞争对手

由于他(她)们不擅长制订目标、计划和面对琐碎的数字,所以要一边拿出数据,一边讲道理来和他(她)们较量。

推展商务的方法

重点放在"说大话"、"加诸权威"上。会顾及接待席的入席位置等事项。

人际关系攻略

恋爱·结婚篇

恋爱的类型

在刚开始的时候,不轻易敞开心扉。对提高自己地位、值得尊敬的人有兴趣。

求爱法

"我第一次这么喜欢一个人……"强调"你对我而言是很特别的"。承受不了特别待遇。

约会场所

喜欢高级料理店、小吧台等的优雅气氛。不能接受适合儿童前往的游乐园。

SEX

"约定未来"或是"好聚好散"都OK。无法接受模棱两可、若即若离的感觉。

防止花心的策略

总是很专情。属于不会转移目标(因为觉得麻烦)的类型,所以不用担心。面对伴侣的出轨,会出乎意料地宽容。

避免伤害的分手方式

因为他(她)们自尊心很强,所以最好是自然分手或让他(她)们先开口。

求婚进行曲

"我会一直疼你的!"虽然他(她)们很好强,却是个爱撒娇的孩子。他(她)们经不起具有包容心的话。

婚后

一旦变成夫妻后,就有可能会暴露邋遢的一面。有必要持续适度的紧张感。

家族篇

若为人父母

对孩子要求完美。就算不理会,只要表现出顺从的态度,他(她)们就会被软化。

若为人子女

管教太严格反而容易步入歧途。采取放任的方法去教育,可以轻松愉快地培育他(她)们。

若为兄弟姐妹

即使是兄弟姐妹,也不太会说出自己真正的想法。毫不客气地干涉太多,也许会造成不和。

若为人婆婆

因为对己对人很严厉,可能会苛刻地对待媳妇。不过,因为个性单纯又开朗,似乎不会虐待人。

激发潜能的教育方法

性情易变,凡事容易中途放弃。培养集中力是让他(她)们发挥才能的关键。

高明的叱责方法

最忌讳在他人面前教训他(她)们。可以在俩人独处时,用简单易懂又具体的说法告之。

闹别扭时改善关系的方法

不会怀恨在心,所以很少会闹别扭。不要说其他的话,自然会恢复原来的关系。

将来若要让他(她)照顾

因为在意面子,责任感又强,所以悄悄地把事情交给他(她)们,绝对没问题。

人际关系攻略

友人篇

在外拼命挺起胸膛，想让人看到自己优秀一面的狮子性格的人，最讨厌在人前被损、出丑。如果伤及自尊心，他（她）们可是会发火的。

然而，如果对方是地球族群的狼性格的人，就会有所顾忌。太阳族群和地球族群之间的力量关系起作用后，已经决定要说出的话会慢慢吞回去。如果这样的现象是由满月族群的人或是弦月族群的人说出来，他（她）们马上就会发火。

反而言之，地球族群的人有可能会无意中伤害到狮子性格的人。"这个人虽然被大家另眼相看，但在我面前却很坦率。"如此轻视他（她）们的话会脱口而出，不久他（她）们便会对你敬而远之。

工作篇

太阳族群的人和弦月族群的人一起工作时,经常都是太阳族群的人在掌握主导权。即使弦月族群的人为上司时也一样。

狸猫性格的上司希望部属在提案前能好好地把材料准备齐全,但怕麻烦的狮子性格的人却会装作一副若无其事的样子,毫不在乎地说:"不用准备,直接上阵就行了……"

这时,对待狮子性格的人要用奉承的方式。"因为你有能力,所以才拜托你!"让狮子性格的人心情愉快地接受工作。不分青红皂白地下命令,反而会变得让他(她)们很反感,要小心。对待天体力量关系较强的部属,先找出其性格特性去应对,才是决定胜败的招数。

人际关系攻略

恋爱篇

狮子性格的人会对不干脆的说法和态度感到焦躁。如果一直重复做同样的事,唠唠叨叨地被责备,他(她)们的情绪会濒临爆发的边缘。

然而,恋爱关系就会有些不同,例如,太阳族群的男性和满月族群的女性。总是会在意周围状况的绵羊性格的人,很会囤积压力。牢骚和抱怨对绵羊性格的人而言,稍有解除压力的效果。如果对方是绵羊性格的男性,狮子性格的人不会愿意去倾听,但如果对方是绵羊性格的女性,情况又不一样了。即使是唠唠叨叨,也会让人觉得很可爱。

恋爱的状况在天体的力量关系上,如果男性处于较强的立场,就会觉得比较圆满。

家族篇

狮子性格的父母有个淘气的小孩,常会把衣服弄得脏兮兮的,如果换成是其他族群的父母,似乎会骂小孩的。但太阳族群中猎豹性格的人,自己也会快乐地和小孩打成一片,狮子性格的父母的小孩也会觉得很轻松。

太阳族群的小孩讨厌被别人管太多。如果长期维持压抑状态,性格有可能变得不正常,采取放任的方法是最好的教育方式。

不拘泥于小节的猎豹性格的人,很懂得如何教育狮子性格的父母的小孩。太阳族群的小孩对琐碎的指导只会感到很厌烦。与其用严格的管教方式,不如努力去掌控情绪善变的部分,若无其事地给予建议,对孩子比较有帮助。

人际关系攻略

猎豹攻略法

友人篇

见面初相识

可以轻松地向猎豹性格的人打招呼，有种让人容易接近的感觉，也可以接受他人的建议。

成为好朋友的方法

即使他（她）们态度很高傲，也要微笑地接受。即使指责他（她）们，他（她）们也不会有所觉察。

吵架时

虽然容易越吵越凶，但不会怀恨在心。想说的话说完后，他（她）们便会觉得浑身舒服，所以就让他（她）们当场说个够。

购物时

性子急，所以和他（她）们在一起时不能慢慢挑选，最好不要一起去购物。

移动电话·电子邮件

怕麻烦，所以不会有移动电话和电脑。即使有且随身携带，也大多会关机。

不可冒犯的禁忌

自尊心比一般人强。严禁在人前让他（她）们出丑。不过，他（她）们一会儿就会恢复过来。

 **工作篇**

有效的征人广告重点

例如:"征求总务科的明星职员。"只要有引人注目的头衔就会抢着去。

胜任的工作

活动企划、艺人。以形象为优先考虑,适合不断挑战新事物。

下达命令时

因为他(她)们不会冷静地听你说,如果能摘取重要部分述说,效果会更好。

斗志一点灵

"我相信你一定能达成××!"给他(她)们一个大数字,他(她)们就会热血沸腾,铆足干劲。

若为上司

虽然会用"还没做完啊"一个劲儿地催工作,但不会一直耐心地等到你完成。不要被他(她)们影响了工作情绪。

若为部属

工作速度够快,总是信心满满。但是容易精神不集中,常会出现小差错。

若为竞争对手

刚开始很有斗志,但很快就会放弃,要慢慢静下来,和他(她)们打场长期战。

推展商务的方法

和他(她)们谈新技术的开发,如做梦般的充分畅想,必定会让他(她)们很感兴趣。

人际关系攻略

 恋爱·结婚篇

恋爱的类型
如果中意，会毫不胆怯地去追求，对开朗绚丽的恋情抱有憧憬。

求爱法
只要稍微表现出你对他（她）们的好感就OK。他（她）们会积极地接近你。

约会场所
事先决定好去处，还不如依见面时的气氛来决定。喜欢突然被邀约。

SEX
因为很有魅力，所以拥有丰富的经验。注重运动感，不过，太过激烈会让人敬而远之。

防止花心的策略
因为有不断寻找新对象的惯性，所以没有有效的防止对策。是个拥有性爱吸引力的人，很有异性缘。

避免伤害的分手方式
是个经常有恋爱机会的人，所以马上会转移他（她）们的目光。等待是上策。

求婚进行曲
"想马上和你在一起！"思考前身体会先有反应。无法克制自己不付诸行动。

婚后
多数是因冲动而结婚。只要互相能拥有享受人生的态度，就可以维系婚姻。

 家族篇

若为人父母

依照每天的心情说话。别太期待和他（她）们的约定。

若为人子女

充满精力的孩子。管教严格，不让他（她）们做自己喜欢的事就会反抗。

若为兄弟姐妹

不分年长年幼，可以凭朋友的感觉相处。善于夺取其他兄弟姐妹的功劳，在这方面可能会惹人讨厌。

若为人婆婆

如果牢骚多会被嫌弃。但若能积极开朗地去接触，可以建立比朋友还要好的关系。

激发潜能的教育方法

请多增强他（她）们强烈的好奇心和旺盛的行动力，父母若把认定的方式套在他（她）们身上，可是会脱轨。

高明的叱责方法

责骂后，如果他（她）们道歉，就要马上原谅他（她）们。不停地责骂会产生相反效果。

闹别扭时改善关系的方法

即使闹别扭，也不会气很久。在他（她）们心情好转之前，别去理会他（她）们。

将来若要让他（她）照顾

会尽全力去帮助，但如果一直这样，或许会感到疲倦。

人际关系攻略

朋友篇

猎豹性格的人和黑豹性格的人动作迅速、潇洒、不输任何人。会在意小小失败的黑豹性格的人和猎豹性格的人在一起时,不知为何总是乖乖地成为老二,只是心中依然存在着竞争意识,而且自己会发现,在某些地方无法像猎豹性格的人那样恣意发挥。

这种微妙的感觉是太阳族群的猎豹性格的人所感觉不到的。他(她)们会把跟着自己步调走的黑豹性格的人当做可爱的部属照顾。在太阳族群和满月族群的友人关系中,绝大多数是太阳族群的人居于领导地位。如果放心让他(她)们领导,会一直很开朗、心情好,可以开心地玩在一起,遇到紧急状况时还会成为你有力的靠山。

工作篇

觉得"努力"、"练习"很麻烦的太阳族群的人,即使工作上有需要,也不会想办法去学习操作机器或如何打移动电话。他(她)们不会认为这是羞耻的事,只要问懂的人就行了。

另一方面,迅速采纳有效率的方法进行工作的无尾熊性格的部属,从不在意这样的上司的看法,会依照自己的步调去做。虽然对于自己被忽视的事实感到焦躁,但是猎豹性格的人也只能在周围徘徊,而不会说重话。

地球族群的无尾熊性格的人,虽然不是故意的,但是会给太阳族群的猎豹性格的人带来自卑感和焦躁。对太阳族群的上司来说,地球族群的人的协助是非常重要的。

人际关系攻略

恋爱篇

只要觉得喜欢,猎豹性格的人就会用直接的表达方式去追求。比较上来说,在恋爱方面的想法较消极,总是等待对方来追求的大象性格的人,并不会讨厌猎豹性格的人的强势。

同样都是太阳族群的两个人,皆属顺应状况型,是属于情绪善变的情侣。不仅是热恋的恋爱关系才相处得好,朋友关系的恋人也可以相处得不错。

如果女友是地球族群的人,那就糟了。任性的猎豹性格的人,即使设法弄乱地球族群的人的步调,也会换来强硬的反抗。讨厌被女性采取强硬态度的太阳族群的人,或许会变得畏缩。对太阳族群的男性来说,似乎比较喜欢自己比女性强。

家族篇

正面临反抗期的猎豹性格的人,连很会带小孩的小鹿性格的母亲都招架不住。即便是拥有包容心的弦月族群的人,也会让太阳族群的孩子们觉得过于干涉而感到厌烦。太阳族群的小孩会认为,即使是小孩子,也希望能被尊重隐私权。况且,若父母是弦月族群,无意识的力量关系会起作用,不知不觉中会强烈地表现出来。

即使把爱倾注给孩子,还是会换来不满的脸色。当面对态度非常傲慢的孩子而不知如何是好时,先放手不管是最好的办法。因为他(她)们就是不想被管。如果能保持自由的距离,脾气就会被抑制下来。因为他(她)们是希望依照自己情绪去行动的太阳族群的人,所以,当孩子们感到寂寞时,便会来接近你。

人际关系攻略

飞马攻略法

友人篇

见面初相识

飞马性格的人会在见面的瞬间判断对方。说话絮叨会被他（她）们讨厌。

成为好朋友的方法

他（她）们心情好的时候就跟他（她）们一起 High。低潮的时候就别理会他（她）们。

吵架时

因为情绪多变，所以心情不好时很容易起冲突。就算和别人吵架，不一会儿就会忘得一干二净，为他（她）们忧虑实在划不来。

购物时

会以独特的感性去发现感觉不错的便宜货。一起逛街时可以多利用他（她）们这个长处。

移动电话·电子邮件

心情好的时候，他（她）们会很频繁地打电话过来，但是几乎不会对别人给他（她）们的联络给予回复。

不可冒犯的禁忌

最讨厌别人死缠烂打、追问不休，如果遇到这样的情形，他（她）们会对你敬而远之或离你而去。

工作篇

有效的征人广告重点

例如:"将来,你在技术上会前途无量!"内容不如"无限"或是"!"来得更有吸引力。

胜任的工作

企划、开发、艺术家。适合在不被时间和规章束缚的环境中从事创作活动。

下达命令时

不要唠唠叨叨地说同样的事情。最好只说重点,用条文的方式传达。

斗志一点灵

"交给你去判断了!"如果不被强迫,能用自己喜欢的方式去进行,就可以愉悦地发挥敏锐的感性。

若为上司

有对部属摆架子的倾向。虽不能依靠,但基本上会赋予自由的酌情处理空间。

若为部属

属于不擅长进行团体作业的类型。由于他(她)们富有良好的想象力,可以引导他(她)们发挥这方面的专长。

若为竞争对手

因为他(她)们是以直觉行动的,所以最好事先订下面对任何行动都能应付的周密计划。

推展商务的方法

在他(她)们心情好的时候进攻。"这,绝对非常厉害"之类过度的表达方式很有效。

人际关系攻略

 恋爱·结婚篇

恋爱的类型

不能接受黏在一起的关系。喜欢和自己能感性交会的人。

求爱法

"你的魅力只有我最明白了。"以信徒的角度去诉求,会很有效果。

约会场所

有名人聚集的豪华绚丽舞会等。演唱会一定要确保是S席。

SEX

认为性爱和结婚是两回事。属于依当时心情去追求乐趣的类型。

防止花心的策略

因为很容易厌腻,所以经常会在外面粘花惹草。本人不但不会有罪恶感,而且还会以轻松的心情面对。要注意的是,过于责怪会适得其反。

避免伤害的分手方式

最好是自然地疏远。因为不会留恋,所以似乎不会有复杂的事情发生。

求婚进行曲

"如果彼此能成为独立的伙伴,那实在太棒了!""独立"的部分会让他(她)们大大地动心。

婚后

要他(她)们分担家务,或和亲戚们交际,他(她)们会很想逃。没有拘束的关系是最好的。

家族篇

若为人父母

会让你去做自己想做的事。但因为没有包容心,所以在紧急的时候不能依靠。

若为人子女

很难让父母知道自己在想些什么的小孩,和其他小孩的个性的确很不同。

若为兄弟姐妹

心情好的时候,会是比和朋友相处还快乐的兄弟姐妹。因为情绪变化很激烈,所以或许会给人难以相处的印象。

若为人婆婆

讨厌被管,最好不要随便操心她们比较好,是个不用费工夫应付的婆婆。

激发潜能的教育方法

积极认可他(她)们自由的想象,并加以称赞。需要没有疏离感的关怀。

高明的叱责方法

如同一瞬间的戏剧般,责备的时候一瞬间就好。因为很敏锐,所以应该立刻就明白过来。

闹别扭时改善关系的方法

放着不管他(她)们,自然就会恢复到原来的关系。如果强行要求对谈,反而会复杂化。

将来若要让他(她)照顾

不用言语表达出来也可以理解,只要不是完全依靠他(她)们就没问题。

人际关系攻略

友情篇

即使和朋友在一起,飞马性格的人也会满脑子想着自己的事,从不在乎朋友的想法,诚实地凭自己的情绪去行动。而优先考虑对方感受的满月族群和弦月族群的朋友,会对这样的态度很反感。

但是,如果同样是太阳族群的飞马性格的人,即使彼此没有在听对方说话,也完全无所谓,靠着心灵感应就可以互相了解,依旧可以步调一致。原本就很随和的飞马性格的人,总是依照当时的心情去行动,这也是所有太阳族群的人的特征。所以,可以理解对方也和自己一样,想一直自由自在的生活。黏乎乎的友情对太阳族群的朋友来说是行不通的。

🔴 **工作篇**

飞马性格的部属最讨厌被强迫,上司稍微唠叨两句就会发火。但一面对猴子性格的上司,不知为何,既听话又宽容。猴子性格的上司会四处观察,所以指示的内容和细节一定会涉及多方面。要"是、是!"干脆地回答,就像正在听一样。(重点是"是"要多说几遍)。

这要从力量关系强的地球族群的人说起。在激发其反抗心之前,DNA 遗传基因会起作用,驱使对方做出遵从地球族群的人的行动。

因为是飞马性格的人,所以最好要有心理准备,即使他(她)们回答和态度都很诚恳,但觉得麻烦的事也都只不过是听听罢了。

人际关系攻略

恋爱篇

12个动物角色中,如果最讨厌被束缚的飞马性格的人和弦月族群的小鹿性格的人在一起,情况似乎会有所不同。尽管会想飞到自己喜欢的地方,但不知为何,会想静静地依偎在对方身旁。不过,原本的性情依然是很疯狂的。即使需要克制自己的任性,也想照顾到小鹿性格的人。

男性是太阳族群、女性是弦月族群时,恋爱关系似乎大多会很圆满。太阳族群的男性如黑洞般深深接纳旺盛精力、充满谜样的弦月族群的女性,让她们感受到一股难以抗拒的魅力。

但是基本上,太阳族群的恋人是不会干涉的,适合采取"放牛吃草"政策的飞马性格的人。

家族篇

爱打扮的黑豹性格的人,即使结了婚有了孩子,也不会为柴米油盐酱醋茶担心,总是很在意自己的打扮。然而,如果小孩是飞马性格的人,凡事以自我为优先的黑豹性格的人,在不知不觉中会被弄得晕头转向。买东西时也自然地会一直挑选飞马性格的小孩的东西……变得有点因欲望得不到满足而感到烦躁不安。

对黑豹性格的人而言,自己的小孩是飞马性格的人,却又不知道他(她)们在想什么,是个很难应付的角色。除此之外,太阳族群和满月族群的力量关系会起作用,会对飞马性格的小孩百依百顺。只是太过宠他(她)们,飞马任性的个性或许会变本加厉,偶尔有必要稍微撒手不管。

人际关系攻略

大象攻略法

 友人篇

见面初相识

大象性格的人虽然嘴巴笨了些，但却是个充满协调心的人。只要将他（她）们的心开启，就会成为一位非常容易接纳的人。

成为好朋友的方法

虽然他（她）们的工作、兴趣等在一般人眼里看来有些要求过高，但请给予赞赏，因为即使他（她）们脸上没有任何愉悦的表情，心里也会很高兴的。

吵架时

即使没有预兆的突然生气发怒，这种紧张气氛也不会维持太久。但如果没完没了地责备他（她）们，就会引发再一次的愤怒，所以吵架时要适可而止。

购物时

通常属于大象性格的人都会在觉得放心的商店里购买品质好的商品，对于打折商品等完全没兴趣。

移动电话·电子邮件

这两项科技产品都会尝试使用，但是马上就没兴趣。最后是移动电话不知去向，电脑也积满灰尘。

不可冒犯的禁忌

大象性格的人通常都会操心过度，只要听到悲观的事就会感到不安，是属于可以夸大鼓舞型的人。

工作篇

有效的征人广告重点
例如:"一起来前进蛮干追梦吧!"即使像这样不知就里的广告,也能激发他(她)们的积极性。

胜任的工作
产品开发、研究者。无论何时都在要求自己进步,着重在实力的培养。

下达命令时
大象性格的人全凭直觉做事,不听他人的意见。别忘了要重复地确认。

斗志一点灵
"你的努力我全看在眼里。"在日常生活中悄悄地努力被肯定,对大象性格的人是最大的鼓励。

若为上司
假装在不经意的情况下目光交接时,也让大象性格的人知道"我很尊敬你"。

若为部属
即便没有特殊作为,也一定会诚实努力地工作,是属于可以安心授权处理的部属。

若为竞争对手
是属于凡事绝不怠惰,关于自己周围的事都会事先准备的人。如要对抗,要多找些伙伴。

推展商务的方法
所采取的方式是诚恳听他(她)们的意见,只要维持这种方式就能达到洽商的目的。

人际关系攻略

恋爱·结婚篇

恋爱的类型

凡事都很认真,从一而终,自己尽心努力付出,比别人尽力来得快乐。

求爱法

即使是恋爱也不难发现他(她)们操心过度的特质。因为他(她)们很慎重,所以诚恳有耐心地接近是上策。

约会场所

大象性格的人很重视精神,聊天或看一场令人感动的电影都行。

SEX

认为性是自然的本能欲望,伦理观淡薄,应严格看管。

防止花心的策略

虽然在性爱方面很大胆,但在精神方面却无法脚踏两条船。因为只有一根筋,所以如果有外遇了就会很认真,只要一有外遇就不会回头了。

避免伤害的分手方式

因为死脑筋,所以很难分手。很在意面子,蓄意造成被他(她)抛弃的假象也是一种分手的好方法。

求婚进行曲

"只要我们在一起,没有任何事需要担心。"轻轻的一句话就可以将他(她)们心里不安的情绪消除。

婚后

一直到结婚前都很慎重,一定会将周围的整个状况考虑清楚才会结婚,所以婚后都能过着安定的生活。

家族篇

若为人父母

是很有威严的,也就是说会是很主观的家长,表面上还是顺从比较好。

若为人子女

即使放手不管,也会由于他(她)们对自己的要求高而奋发向上。如果强迫他(她)们,可能会造成相反效果。

若为兄弟姐妹

虽然脾气暴躁,但却值得信赖。即使年纪较小者也可能成为领导人。

若为人婆婆

是敌是友的区分要清楚。如果要当成朋友,让人能安心的人是不存在的,来往时要伤脑筋。

激发潜能的教育方法

即使结果是失败的,也要从努力的过程中去鼓励。能得到父母的理解,更能促使他(她)们的能力发展。

高明的叱责方法

家长要采取强硬的方式来斥责。如果只是说说而已,态度不够强硬,只会成为耳边风。

闹别扭时改善关系的方法

因为协调精神很强,反目成仇的机会不大,只要先表达出善意,马上就会得到回应。

将来若让他(她)照顾

在儿童期就要跟他(她)们约定,大象性格的人是属于言出必行的人,一旦做了决定就一定会实现。

人际关系攻略

朋友篇

虽然在周围的人看来是属于太阳族群下的强人,但这份能量的来源也会因状况而改变为"明天不知会如何"的不安全感。

他(她)们不是属于自己决定目标,明天一切都能算计在内的达成目标型,而是属于随时遇上状况,临时对应的顺应状况型。由于事先无法预测,所以经常充满了不安感觉,地球族群及满月族群的人是无法理解这种不安的感觉。

这一点,同属太阳族群的人,无论对外界表现出多么强势,无论内心是多么的激动,即使不用言语也能彼此明白。太阳族群的人与太阳族群的人之间,只要用眼神就能明白对方的心意,这将会是最棒的组合。

工作篇

工作上不停地求上进的大象性格的部属，在老虎性格的上司眼中有最高的评价。地球族群的人是上司，太阳族群的人是部属，据了解是最容易顺利建立关系的组合。

往往看见华丽的太阳族群的人很努力地走着，让坚实的地球族群的人觉得很有原动力，眼光也就停留下来。天性喜爱照顾人的老虎性格的人见了，不得不展现他（她）们强烈的支援力，对于照顾自己以及肯定自己努力的地球族群的上司，即使是平时强势的太阳族群的部属也被驯服了。

太阳族群的人其实是没有自信的，所以任何时候都抱着必死的决心，只要明白接受这个想法，其实是能使尽全力的最佳方法。

人际关系攻略

恋爱篇

大象性格的女性对于恋爱是退缩的、忧虑的，无法完美地表达自己的感情。亲切的弦月族群的狸猫性格的人非常了解她的心，也会跟着烦恼。

原本很会撒娇的太阳族群的人，在还不熟悉之前实在很笨拙，在交往过程中渐渐地觉得有压力，会不假思索地说出累死了等言词。像弦月族群的人、满月族群的人一样，太阳族群的人遇上比自己更弱的对手，会觉得更加别扭。

不知该如何使自己放松撒娇的太阳族群的人，和自己都不喜欢自己态度的弦月族群的人，是很典型的不般配。虚张声势的太阳族群的人在发动攻击时是非常有效果的，只要起身行动，这气势就很吓人。

家族篇

太阳族群的妈妈和满月族群的小孩是最适合的搭配。大象性格的妈妈在问"功课做了没有"之前,绵羊性格的小孩早已经将功课完成,并且在预习明天的功课。努力型的大象性格的人对于按部就班、进行计划的绵羊性格的人保持很大的信任感。

来自大象性格的人的信任对绵羊性格的人而言,无疑会再形成一股力量。为了满足大象性格的人的期待,绵羊性格的人会更加努力,形成一种循环。

对于凡事觉得麻烦,并且不细心的大象性格的家长,最好的方法是表现独立的一面,使其放心。只要一次得到信任,就会得到永久的援助。

人际关系攻略

猴子攻略法

友人篇

地球

见面初相识

猴子性格的人给人的感觉一直是爱撒娇、坦率的人。他(她)们受不了太拘束的气氛,不妨轻松点。

成为好朋友的方法

约定的事绝不能忘记,即使谎言漏洞百出,也不要拆穿他(她)们。

吵架时

虽然很情绪化,不过很快就成为过去,不必担心。如果想要早日和好,建议送些小礼物,会有不错的效果。

购物时

喜欢找便宜货,即使只是便宜一块钱也行。打折消息灵通,问他(她)们准没错。

移动电话·电子邮件

立即购买移动电话,但只会使用基本功能。认为电子邮件不好玩,根本不会回信。

不可冒犯的禁忌

对于金钱很在意,可能会因为借钱而引起关系破裂,如果向他(她)们借钱,要早日归还。

工作篇

有效的征人广告重点

例如:"保证月收入××万,福利好……"提示条件,对于"保证"二字,他(她)们是深信不疑的。

胜任的工作

商品企划、广告制作。属于手巧型的人,创作能力很好,有创作新东西的才华。

下达命令时

会用数字、图形等非常认真、具体地提出报告。但常会延误工作,要经常检查进度。

斗志一点灵

不管任何状况,只要赞美,就是他(她)们活力的来源,刺激他(她)们旺盛的向上心,将会更加努力。

若为上司

他(她)们会干涉工作内容,所以有些啰嗦。不喜欢计划错乱,会要求照预定日期做。

若为部属

给一个人全权负责,不如将其分散,如果只给一部分,能使结果更完美。

若为竞争对手

他(她)们的能力是从一点一滴堆积而成的,在不知不觉中有逆转的可能,切勿粗心大意。

推展商务的方法

将样品或严密的数据等清楚地呈现在他(她)们眼前,最具说服力。

人际关系攻略

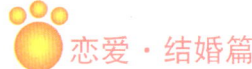恋爱·结婚篇

恋爱的类型

喜欢快乐地玩在一起。因为个性害羞,太有气氛的环境下反而感到不自在。

求爱法

"你的眼睛真漂亮。"具体的赞美是最有用的,送些小礼物也很有效。

约会场所

有名的公园或游乐场所等都是不错的地方。因为个性害羞,所以喜欢慢慢营造气氛的地方。

SEX

没有以爱为感情基础是没办法发生性关系的,也无法轻易跨出心理的界线。

防止花心的策略

因为很单纯,所以无法抵挡态度积极的人,只要被强迫就容易动摇,所以自己要努力保持吸引力。

避免伤害的分手方式

清楚说明两个人不适合的地方,将会得到他(她)们的认同。

求婚进行曲

"我要我们在一起。"猴子性格的人是不喜欢拖拖拉拉的。

婚后

再小的事都能照顾得无微不至,是一位模范丈夫(妻子)。

 家族篇

若为人父母

无论何事都很操心,是会让子女有压力的父母。多增加说话的机会,以达到更好的亲子关系。

若为人子女

不要随时更改约定的内容,例如:零用钱的金额说一就是一。

若为兄弟姐妹

会是很活泼、有很多话可说的手足。如果有心情不好的时候,就要多谅解他(她)们。

若为人婆婆

很会照顾人,但如果把她当成敌人,她也会当真对抗起来。最好的方法是坦诚地接受她。

激发潜能的教育方法

常有改变计划的倾向,让他(她)们明白事情的后果是很重要的,他(她)们将会是个有成就的人。

高明的叱责方法

一开始就要让他(她)们明白为什么生气,简单扼要地告诉他(她)们重点。

吵架时改善关系的方法

因为不喜欢吵架,所以千万不要一直想说明立场,只要一句"对不起"就一切OK!

将来若要让他(她)照顾

比较重视金钱,只要经济上划分清楚,是可以相安无事到老。

人际关系攻略

友人篇

通常人们会觉得很固执的弦月族群的人,会和地球族群的猴子性格的人情投意合,彼此的好奇心很强,易引发共鸣,变成无话不谈的好友。

虽然气势不高,但却固执得有自信,弦月族群的人比地球族群的人更有这样的互动作用。由于地球族群的人没有标准尺度,天生就能随机应变的弦月族群的人,自然而然地就能吸引住猴子性格的人。

猴子性格的人对不了解的事物不会排斥,相反会很有好奇心,是会不断吸收新知、努力向上的人。对于现状很满足,讨厌炫耀自己权威的人。

工作篇

他(她)们是会经常邀请无尾熊性格的部属去喝酒的上司,但因为次数太频繁,导致大家都躲他(她)们,女性同仁也觉得很烦,自己可能因此而垂头丧气。不过,同是猴子性格的部属却会主动找来,而且彼此都玩得很开心,绝不放过任何可以狂欢的机会。

同属地球族群的人因力量的关系,通常能保持一个均衡状态。没有搞不定的人,也没有太激烈的反抗心态,只要私下关系处理良好,公事上也会进行得很顺利。

猴子性格的人最讨厌别人用命令的口气对他(她)们,如果特别强调上司与部属的关系,气氛会变得很差。只要和猴子性格的人之间的关系处理融洽,他(她)们会是鞠躬尽瘁的人,在职场上很有作用。

人际关系攻略

恋爱篇

　　正义感很强，常想表现出潇洒的黑豹性格的人，往往会给人哗众取宠的感觉。这样的行为在周围人眼里看来是无理取闹，但在猴子性格的女性看来却不是那么回事。

　　男性是满月族群，女性是地球族群时，女性会觉得男性的所作所为都充满了男子气概。对崇拜自己的猴子性格的人而言，黑豹性格的人也不是完全没缺点，但是有人非圣贤这样的想法，让猴子性格的人感到意乱情迷，从而陷入"幸福的循环中"。

　　在恋情中，因为受到天体力量的影响，弱势者会对强势那一方有感情的憧憬。因此，无论从什么角度来看，对方都是完美的，像施了爱情魔法一样。

家族篇

对于一整天都无法安静下来的猴子性格的小孩而言,狮子性格的妈妈经常要摆出生气的脸。

如果不听话时,更有被赏"锅贴"的可能。不过再怎么生气,对于猴子性格的小孩都是没有用的,他(她)们马上可以跑到另外一个大人那里,以滑稽的行为惹得全场大笑。

太阳族群的妈妈总是不了解地球族群的小孩在想些什么,看见他(她)们活泼好动、精力旺盛的行为,总是会捏一把冷汗。但如果越是要管住他(她)们,却只会让你们之间的亲子关系渐行渐远。

猴子性格的小孩是无法忍受紧张的关系,家长应该创造一个宽松的环境,更需要经常地赞美他(她)们。

人际关系攻略

狼攻略法

友人篇

见面初相识

狼性格的人给予人的第一印象是严肃的，不过这是因为还没跟他（她）们说话。给你一个建议，放松赶快和他（她）们混熟些。

成为好朋友的方法

对自己的做法很坚持。无论是工作还是出游，配合、尊重他（她）们准没错。

吵架时

即使发生很激烈的口角，在下次见面时，也要装作没发生事一样。"之前真不好意思。"只要对他（她）们说这一句，一切都烟消云散。

购物时

逛街购物前一定先把要买的东西想好，如果临时找他（她）们出门逛街，他（她）们是不会去的。

移动电话·电子邮件

除非必要，否则，他（她）们是不会带移动电话的，对于电子邮件也没兴趣。

不可冒犯的禁忌

很在乎个人生活，严禁占用他（她）们的个人时间。

##

有效的征人广告重点

例如："靠自己的能力技术决胜负。"喜欢随自己的想法、靠自己的能力、能自由分配时间的工作。

胜任的工作

评论家、手工艺创作。比较适合自己一个人创业，或者观察人性的工作，例如人事部门。

下达命令时

不要以开玩笑的态度，也不需在意他（她）的心情好不好，只要简明扼要地表达，让他（她）明白就好。

斗志一点灵

"我们公司都靠你想出的提案。"像这样对他（她）们的能力给予正面的评价,相信他(她)们会打心眼里高兴起来。

若为上司

对小事情也要很仔细地按部就班完成，会计传票等的数字要认真做好。

若为部属

说明工作要领即可,不要干涉,放手让他（她）们去做。

若为竞争对手

无法预测他（她）们会用什么方法，所以没法想对策。建议平时多建立好的人际关系。

推展商务的方法

即使他（她）们不在理，也会坚持自己的意见。如果相互斗气只会引起更大的反弹，慢慢去说就比较有效。

人际关系攻略

恋爱·结婚篇

恋爱的类型

对象一定是自己理想中的情人。如果有了亲密关系,何时何地都会跟你黏在一起。

求爱法

"你跟别人完全不同"这句话对他(她)们最有效,此时两个人眼睛的视线就会交流。

约会场所

开车兜风、旅行等,不喜欢和很多人一起出游,只喜欢两个人单独在一起。

SEX

虽然"服务"精神旺盛,但即使是在床上,也要按照自己的方式来做。

防止花心的策略

自己和对方都同样地付出,可以同时爱很多人,但全都是出自真心,完全无法可治。

避免伤害的分手方法

任由他(她)们去,当他(她)们任性的感觉过后,就会慢慢地从失恋中恢复过来。

求婚进行曲

"想要你成为我最重要的人。"只要表现出尊重,一定没问题。

婚后

对于成为他(她)们家人的人都会很爱护,但也因此会觉得压力很大。

家族篇

若为人父母

喜欢家人,但也想要享受一个人的时光,不闻不问是最好的方法。

若为人子女

在家庭中想过自己的生活,对父母无理的要求也有可能会屈服。

若为兄弟姐妹

不喜欢被介入个人生活,避免过分干涉他(她)们,要轻松地和他(她)们交流。

若为人婆婆

她会希望你照她的方式做,只要你诚心接受便相安无事,但前提是她真的把你当家人看。

激发潜能的教育方法

对于他(她)们觉得自己很棒的部分给予认同鼓励,发掘他(她)们的特别才能。

高明的叱责方法

将事情有条理地分析说明,但如果父母情绪激动,会导致跟孩子之间有隔阂。

闹别扭时改善关系的方法

只有道歉的心是没用的,转化成行动更加有效。

将来若要让他照顾

确实保持彼此的空间感,如果勉强,就不要住在一起。

人际关系攻略

友人篇

喜欢特立独行的狼性格的人,常常会以令人惊奇的造型出现,让大家惊喜。这时满不在乎的狸猫性格的人是没有反应的,反而会说"这没什么呀"。

不知道为什么,地球族群的狼性格的人总是希望得到弦月族群的狸猫性格的人认同。即使脸上的表情不显现出来,心理也会很高兴。这是因为狼性格的人会受到弦月族群及满月族群能量的影响,特别是弦月族群。对达成目标型的地球族群的人而言,根本无法揣测。这种无法了解的魅力,深深地吸引着地球族群的人,如果从强势且单纯的狼性格的人的特质来考虑,用渐进方式来接近他(她)们是不错的方法。

工作篇

对于业绩总是不佳的狼性格的人而言，大象性格的上司要非常注意说话的用词。不过，对于"用不着你管"这样反应冷淡的狼性格的人，是会惹火大象性格的上司的。

太阳族群的上司对于已经有工作压力的地球族群的部属不会有太严格的要求。相反，地球族群的部属会知道太阳族群的上司心里在想什么。不过由于自我优越感作祟，他（她）们是不会诚心接受上司建议的。

狼是十二种动物个性中自我意识最强的一个，如果他（她）们没自信，就无法完全发挥作用。如果你确实尊重他（她）们的想法及做法,他（她）们会做得超过你预期的好。想要他（她）们竭尽全力，若能在一定的程度上赋予自由的决定权，会有上佳的表现。

人际关系攻略

恋爱篇

对于任性而顽固的绵羊性格的女友,狼性格的人常会表现出不耐烦的脸色。有时想要撒娇的地球族群的狼性格的人,和自认为男性本来就该温柔体贴的满月族群的绵羊性格的人而言,常常想法不同。由于满月族群的力量很大,所以绵羊性格的人常常会不依不饶地任性下去。

如果能做到心灵相通、关系亲密,狼性格的人对恋人是相当重视的。只要让他(她)们把你当成自己人,他(她)们的体贴,便会随时随地表现出来。

由于天体力量的影响,狼性格的人不容易坦率对人。但如果能捉住他(她)们的心,就可以不攻自破了,一开始就要用高明的技巧进入狼性格的人的领域。

家族篇

像狼这么有个性的人，和兄弟姐妹应该会经常吵架吧，但也不全是这样，只要彼此尊重，不干涉对方，其实狼性格的人还是蛮好相处的。

狼性格的人"做自己"这样的心情比谁都强烈，所以能够体会别人的心情。地球族群的狼性格的人，不会因力量强弱的关系而受到他人影响。自己不希望被别人打扰的他（她）们，同样也会去尊重别人。

狼性格的小孩跟别人有些不一样，所以在小时候要特别注意。如果从小设限,让他（她）们在这样的环境中长大，可能会造成无法变通的个性。所以最重要的就是，营造一个能自由发展的空间，让他（她）们在这样的环境中长大。

人际关系攻略

无尾熊攻略法

 友人篇

见面初相识

稳重的无尾熊性格的人是友善的，谁和他（她）们都能合得来。

成为好朋友的方法

喜欢和大家玩乐在一起，所以可在聚会中积极地跟他（她）们交往。

吵架时

很在意谁对谁错，如果不小心说错话，就会导致矛盾激化。不过，只要表现出一点让步，事情就能圆满解决。

购物时

要有心理准备，得一直陪他（她）们逛街才行。没有耐心逛街的人，会感到很痛苦。

移动电话·电子邮件

除非自己要打电话，手机才会开机，否则都会转为留言。只会在工作上使用电子邮件。

不可冒犯的禁忌

虽然表面看起来好商量，实际上却很顽固。绝对不能接受临时变更的行程。

工作篇

有效的征人广告重点

例如:"你的浪漫将会变为金钱。"按自己想要的方式快乐地工作,并且能赚钱才是最完美的。

胜任的工作

活动企划、艺术相关工作。有很好的企划能力及缜密的计划性,很适合创作。

下达命令时

如果对他(她)们下达指示后又不断更改,便会对你失去信任感,要"君子一言,驷马难追"。

斗志一点灵

"请务必帮我,我需要你的想法助我一臂之力!"

只要你认同他(她)们的企划能力,他(她)们一定会尽全力帮忙。

若为上司

虽然很风趣、爱开玩笑,但却很冷静地在打每个人的考绩,是不能小看的上司。

若为部属

工作效率不错,但很会找借口,小心不要被他(她)们蒙骗了。

若为竞争对手

是个会事先把局面都算计好、很敏锐的人。不要被他(她)们蒙骗了,要细心些。

推展商务的方法

他(她)们是很慎重的人,无论说什么都会站在怀疑的角度。接触时要循序渐进。

人际关系攻略

恋爱·结婚篇

恋爱的类型

幻想恋情像电视剧一样,可以很自然地将对对方的好感表达出来。

求爱法

自己没办法积极地表现,不过对交友却很有一套,很会吸引活泼快乐的人。

约会场所

宴会、俱乐部、团体旅游等都可以,他(她)们喜欢热闹的活动。

SEX

认为感情和性是两回事,受不了诱惑,也容易受当时气氛的影响。

防止花心的策略

人生的选择是"要不要快乐"。很容易受当时气氛的影响而有外遇,在被发现有外遇以前会一直持续,重点在早期发现。

避免伤害的分手方式

排除一切浪漫的气氛,从现实开始谈起,才能进行下去。

求婚进行曲

"和你在一起就觉得心情很好",对于"很快乐"、"心情好"这两句话,他(她)们完全没辙。

婚后

喜欢夫妇俩一起出游,如果不跟着去,很容易让他(她)有外遇的机会。

家族篇

若为人父母

坚持的时候很坚持,认死理,不要指望能得到金钱上的支援。

若为人子女

虽然觉得他(她)们的目标像在做白日梦,但在无形中却会合理化,他(她)们将来能够实现的,不需要担心。

若为兄弟姐妹

即使和兄弟姐妹一起使坏,他(她)们也很会找借口,替自己脱罪。

若为人婆婆

表面上对人的态度都很好,平时就要得到她的信赖,才能安心过日子。

激发潜能的教育方法

因为他(她)们很会幻想,而且想法单纯,所以从小开始就要培养,很有希望在艺术方面发展。

高明的叱责方法

责备时要少说两句,教训过后要将气氛转换,陪他(她)们玩耍,这个过程很重要。

闹别扭时改善关系的方法

因为不喜欢吵架,所以要尽量避免。万一闹别扭了,给予金钱或礼物,都是很好的化解方法。

将来若要让他(她)照顾

他(她)们不只会考虑到父母老了以后的生活,就连自己的职业生涯都规划好了,所以可以安心。

人际关系攻略

友人篇

　　无尾熊性格的人和飞马性格的人的行为特性,在逛街购物时就能发现他(她)们的不同。看到什么就买什么,完全没计划的飞马性格的人,和事先就想好要买的东西的无尾熊性格的人是完全不同的。

　　注重自我生活,地球族群的无尾熊性格的人没有办法忍受随便改变的飞马性格的人,恐怕不会再和飞马性格的人再一次逛街了。因为地球族群的人有很强烈的力量,所以没法跟太阳族群的人继续来往。

　　注重自我生活,在合理的状况下,以自己的方式来进行,对于地球族群的人而言是很重要的。只要尊重他(她)们,服务精神旺盛的无尾熊性格的人将会成为一个很好的朋友。

工作篇

无尾熊性格的上司及部属，只要他（她）们一起动脑筋来想法子赚钱，一定会讨论得很兴奋，并且真的会有赚头。同是地球族群的达成目标型，对于钱的看法及价值观也都相同。

不过，他（她）们在心中想着，一见面就是要讨论钱的问题，还是会有一点儿厌倦的感觉。

对于自己努力的成果一定要在实质上看见的无尾熊性格的人来说，如果要他（她）们好好工作，那么请出一个合理的价格。只要激发他（她）们的工作欲望，脑筋就会转得比谁都快。对于冷静、并且对未来趋势很有远见的无尾熊性格的人来说，是比任何人都更有工作能力的。

人际关系攻略

恋爱篇

就像在谈恋爱一般,无尾熊性格的人在爱情上很贪心。在恋爱的时候有个坏毛病,那就是会因为小事而陷入低潮。如果是和弦月族群的小鹿性格的女性在一起,那就会成为一对很协调的情侣。

虽然看起来很胆怯,但在某些地方很厉害的小鹿性格的人,即使当无尾熊性格的人愁眉不展的时候,也会亲切地推开他(她)们,绝不会宠他(她)们,地球族群的人会接受来自弦月族群的人的影响。无尾熊性格的人一边被推开,也会一边高兴地想:"他(她)们的这种态度,疗愈的效果真好!"。

只是,在弦月族群的人比地球族群的人强势的关系中,女性如果处于强者立场,其协调性就会有些微妙。如果态度太过任性,无尾熊性格的人的爱慕之心或许会一下子变成反抗之心,切忌骄傲。

Attack
速配度·攻略篇

家族篇

小学的运动会，无尾熊性格的小孩会被黑豹性格的妈妈严厉地训斥。无论如何都希望孩子得第一的黑豹性格的人，以自己的主观意识把孩子弄得团团转。无尾熊性格的小孩会把这样的期待视为沉重的压力，会想尽办法去努力。因为原本就是我行我素，所以并不喜欢被人强迫。对于比地球族群的人的力量关系微弱的太阳族群的人而言，反抗之心会突然产生。但是立场强势的满月族群的人会觉得，其反抗心是被削减的。

由于地球族群的人喜欢拟定目标和计划，如果想让他（她）们学些什么，拟定长期计划，让他（她）们一点一点地吸收会很有效果。

人际关系攻略

老虎攻略法

友人篇

见面初相识

老虎性格的人是会介意说话方式的人，初次见面时，礼貌的措词比较不会发生问题。

成为好朋友的方法

因为他（她）们很会照顾人，所以凡事拜托他（她）们准没错。每次都别忘了说感谢的话。

吵架时

如果得罪他（她）们很可怕。因为他（她）们无法宽恕顶撞他（她）们的人，所以要避免对立状态，趁早道歉和好。

购物时

接连不断地拼命逛。如果你想精力旺盛地跟着去，那就会辛苦。

移动电话·电子邮件

觉得到处响的移动电话很烦。电子邮件不如传统的书信让他（她）们更喜欢。

不可冒犯的禁忌

不能忍受他人的突然来访、不客气地进入个人空间。

工作篇

有效的征人广告重点

例如:"征求全能者。"可以在多方面发挥的文句,会让有用不尽热情的老虎性格的人跃跃欲试。

胜任的工作

律师、管理者。正义感很强,会不停地工作。有整合人力的才能,会有人追随。

下达命令时

如果摆出一副了不起的样子下达命令,他(她)们一定会反抗。只要说结论,很快就能被理解。

斗志一点灵

"都靠你了!"平常就很努力,会因拜托他(她)们并给予很高的评价而更拼命。

若为上司

讨厌做无用功,要求合理化。对于不得要领的工作方式,会说出非常严厉的批评。

若为部属

对工作很投入。比一般人做得还多,看起来很不值得,但本人满足于这个状态。

若为竞争对手

不只是会正面冲突,也懂得高明盘算,不可轻忽他(她)们精打细算的一面。

推展商务的方法

喜欢可靠的交易。面对他(她)们要拿出数据和图表等确实的根据。

人际关系攻略

恋爱·结婚篇

恋爱的类型

企求心灵相系,是会专心、认真交往的人。占有欲相当强。

求爱法

"和我交往吧!"单刀直入的说法会抓住他(她)们的心。相反,他(她)们讨厌举棋不定的态度。

约会场所

用折扣券看了电影之后,再去自助餐厅。不会在很奇怪的地方装模作样。

SEX

凡事都想主导,连在性爱方面的态度也很强硬。不会以轻松的态度邀请对方。

防止花心的策略

即使被发现出轨也不会闪躲。正颜厉色质问反而会发火,别感情用事,追求的方式讲究一点比较好。

避免伤害的分手方式

因为他(她)们觉得"一定不是我错"的想法非常强烈,所以只好自认倒霉,完全归罪于自己。

求婚进行曲

"你来当家吧!"他(她)会感激你完全交给他(她)的态度。

婚后

在家中依然是领导者。会很严厉地维护一个家,很重视家人。

家族篇

若为人父母

不容许轻浮的生活态度,为人耿直。但只要积极地同他(她)们谈,就会变得很诚恳。

若为人子女

自己的事会很快地解决。很孝顺,在经济上不会给父母造成负担。

若为兄弟姐妹

虽然值得信赖,但喜欢差遣别人。因为赢不了老虎性格的人,所以避免争吵比较好。

若为人婆婆

因为很喜欢工作,所以让她们看到怠惰的态度会被轻视。只要尽量向她们撒娇,就会比亲生母亲还可信赖。

激发潜能的教育方法

就算是逼他(她)们,他(她)们也会继续努力撑下去。要教他(她)们懂得如何放松。

高明的叱责方法

即使是小孩子,也切忌小看他(她)们的说话方式。不但要像跟大人在说话一样,而且还要简洁。

闹别扭时改善关系的方法

如果随便把往事重提,或许关系会越来越紧张。让它冷却一两天吧!

将来若要让他照顾

如同亲子角色颠倒过来一般,应该是会很贴心地照顾的人。将来会过得很安宁。

人际关系攻略

朋友篇

地球 — 地球

老虎性格的人和猴子性格的人都是属于我行我素。然而,和周围取得协调,从容不迫的老虎性格的人,与享受生活却庸庸碌碌的猴子性格的人,两者的自我行为是截然不同的。

一向悠然自得的老虎性格的人,或许会瞧不起猴子性格的人的一副不正经的态度。但是,因为同属地球族群的人,所以并不会有相互影响,甚或反感的情形出现。如果没有相当的契合,对彼此不会给予特别的关心,也很难会产生摩擦。

老虎性格的人非常重视个人生活及领域。只要自身的领域没有被侵犯,就是个容易相处、值得信赖的朋友。

工作篇

狮子性格的上司不仅做事马虎,对下属脚踏实地的努力也不会察觉。正因为如此,用人不当、自私自利的作风常会引起下属不满。

老虎性格的人会相信自己的行为及判断都是正确的,所以会特别留意狮子性格的人那不同于自己、凡事设想周全的作风。对太阳族群的人而言,地球族群的人是强势的,所以在无意之间也会出现对太阳族群的人不友善的态度。其实狮子性格的人也会害怕这样的老虎性格的人。

老虎性格的人属于精打细算型,所以会不辞辛劳地工作。平日的努力、自身的能力及工作成果,如果能得到高度认同,便会在工作上愉快胜任,也就能充分地一展才华。

人际关系攻略

恋爱篇

爱玩、外向的黑豹性格的男性,总是以自己的事为优先考虑。有母爱的老虎性格的人其实是非常了解黑豹性格的人。

总是处于领导地位的老虎性格的人,面对代表影响地球族群的满月族群的他,态度反而是顺从。即使是告诉她,他有多任性,她仍然单恋着他。似乎认为私底下实际在主导一切的人,还是她自己一样。

老虎性格的人选择的恋爱对象是要和自己一样强的人,最怕那种优柔寡断类型的人。这并非只因为是个性上的关系,或许也有受到天体引力的影响。从有较强引力的月球族群的人那儿,感到了一股无法抵挡的强烈魅力而被吸引。

家族篇

狸猫性格的婆婆很喜欢听"婆婆的智囊袋"的故事,而且总是很得意地告诉老虎性格的媳妇相同的故事。老虎性格的媳妇虽然内心会想"怎么又是这个故事……"但每一次仍然是一面不断点头,一面把故事听完了。

对地球族群的人来说,弦月族群的人是不容忽视的人,能制造出让对方心想"不会又要开始了吧……"却又不能不听的情境。而老虎性格的人认为自己在配合对方,所以并没有留意到那股力量。

老虎性格的人在家庭中也希望扮演领导者的角色。因此,为了扮演好此角色,对家人的关心及照顾是不间断的。一旦家人认同了其在家中的地位,并且加以信赖,那么为了营造出快乐的家庭氛围,老虎性格的人会不惜努力的。

人际关系攻略

黑豹攻略法

 友人篇

满月

见面初相识

黑豹性格的人即使有点装腔作势，但开口跟他（她）们说话，他（她）们会很高兴，而且很健谈。

成为好朋友的方法

很顾虑面子。积极地认可这个人的存在，如果多捧捧他（她）们，他（她）们会打开心扉。

吵架时

自尊心强，不太会自己开口道歉。有时也会自己一个人在那儿愁眉不展，作为朋友的你，不妨主动制造搭话的机会。

购物时

事先搜集情报，不会疏忽要买好东西的准备。会为新产品着迷。

移动电话·电子邮件

移动电话总是保持开机状态，电子邮件也会仔细确认。不喜欢错失情报。

不可冒犯的禁忌

虽然不会表现在脸上，但实际上想成为中心人物。切忌忽视、小看他（她）们的态度。

工作篇

有效的征人广告重点

例如:"用你的技术,站在最先进的企业中。"用这种"最先进"、"技术"等词句,最能吸引他(她)们。

胜任的工作

流行关系,新产品开发。因为凡事都需要企划,适合企划工作。

下达命令时

不要省略要点,若不按顺序说明,便会搞乱。有时也会发出抱怨的声音。

斗志一点灵

"对不起,让你费心了……"只要透露出尊重之意,他(她)们就会有意料之外的表现。

若为上司

喜欢别人为他(她)们做些事情。即使是小事,也最好事先询问他(她)们的意见。

若为部属

做事喜欢循序渐进,若给予计划书,便不会白费精力。

若为竞争对手

喜欢抢先行动,并且很容易表现出其表情及态度,应该从平时加以观察。

推展商务的方法

表面上让他(她)们掌握主导权,并保持良好关系,便可顺利进行。

人际关系攻略

恋爱·结婚篇

恋爱的类型

完全将心情表现在脸上,遇上喜欢的对象,便会马上开始追求。

求爱法

使用他(她)们喜欢的"帅"、"好吸引人"等词语,会有不错的效果。

约会场所

流行秀展、购物。看到新产品便会购买。

SEX

很活跃。如果喜欢,不见得只跟一个人。

防止花心的策略

恋爱的方式若非如自己所愿,便会渐渐离去,注意容易出现脚踏两条船的现象。

避免伤害的分手方式

若要分手,自己会提出。

求婚进行曲

"我们结婚吧!"单刀直入地提出,意识高涨的时候是绝佳时机。

婚后

生活上疲惫的样子和之前所想并非相同,即使成为夫妇,也要注重一下表面功夫。

 家族篇

若为人父母

永远想成为最优秀的父母。说些时下流行的话题给他（她）们听会很高兴。

若为人子女

没有定性，让人眼花缭乱。但如果强迫他（她）们，可能会引起反感。

若为兄弟姐妹

尽管竞争对手是兄弟姐妹，也会拼了命地竞争不服输。如果把他（她）们视为中心人物，就很好应付。

若为人婆婆

如果想要相处顺利，就多花些心思，表现出她是很重要的，会有好效果。

激发潜能的教育方法

虽然经常事先有计划，但并非能有预期的结果。刚开始时，需不断地认真指导。

高明的叱责方法

因为自尊心强，所以容易受伤。若立场不分明，不分青红皂白地责备，就会造成相反的效果。

闹别扭时改善关系的方法

一旦失和，就会变得固执。因为他（她）们不会让步，所以你必须让步。

将来若要让他照顾

不能接受突如其来的决定，先前若有洽谈，原本持不同意见的计划，便能圆满成立。

人际关系攻略

友人篇

有些得意、任性的黑豹性格的人,和沉默、稳重的大象性格的人,一眼便会觉得,其实他(她)们是个性截然不同的人。容易感情用事的黑豹性格的人在胡乱发脾气时,大象性格的人也总会轻松地应付。

在太阳族群和满月族群的朋友关系上,太阳族群的人是领导的一方,相处一段时间后,可以更进一步认识彼此,而黑豹性格的人也会依赖大象性格的人。相对地,黑豹性格的人若是一副自以为是的样子,反而会让关系恶化。

黑豹性格的人有时会像个不听话的小孩。在朋友之间,喜欢被宠、被关怀。一旦成为朋友,就会重视友情、讲义气。

工作篇

不知如何处理突发状况的黑豹性格的人，是容易惊慌的类型。前辈的狼性格的人总会瞧不起这样的黑豹性格的人。但实际上，同属行动派的狼性格的人，在面对突发状况时，也会相当焦虑。当面临混乱时，他（她）们却吭也不吭一声。代表地球族群的狼性格的人当面对代表满月族群的黑豹性格的人时，无意间会产生自卑感，因此反而更会表现出坚强的一面。

不善于处理突发状况的黑豹性格的人，如果有计划地做起事来，便能发挥行动派的特质。对新事物的敏锐性高，适应工作能力也强，但容易厌烦。所以一旦又对其他事物产生兴趣后，对正在着手的事情，中途便会心不在焉，这便是他（她）们的缺点。

人际关系攻略

恋爱篇

为了约会,黑豹性格的男性会预先订好法国料理店。狸猫性格的她,看到眼前那飘出阵阵香味的烧烤店,仍会问"闻起来很好吃,要不要在这儿吃"这样的问题。对于她会说出这样的话,他会感到莫名的愤怒。

凡事喜欢按照计划进行的黑豹性格的人,会依照当时情况而改变,和轻易转换心情的弦月族群的狸猫性格的人之间,有着很多截然不同的反应。因为弦月比满月的引力要强,所以黑豹性格的人绝不会轻易说断就断,也因此倍感压力。如果凡事都顺着黑豹性格的人,他会很高兴。让他感到没面子的态度是最伤人的。

家族篇

容易喜新厌旧、一再换工作的黑豹性格的人，总是让绵羊性格的妈妈非常担心而常常说教，然而黑豹性格的人对妈妈烦人的说教总会摆出一副不耐烦的样子，并且也会不耐烦地说出知道的事就别再讲了。

但是，同样是代表满月族群个性的人，会先替对方着想，所以对妈妈烦人的说教也无法完全置之不理。黑豹性格的人也是属于理想行动派的，所以中途放弃，对本人来说其实是件痛苦的事。如果一味地严厉指责，伤到其自尊心，让他感到灰心，甚至会自暴自弃。

表现出信任的态度，站稳自己的立场是很重要的。避免说出不经思考的话才是明智的。

人际关系攻略

绵羊攻略法

友人篇

满月

见面初相识

只要聊过一次天就会把你当朋友,但不可以忽视礼节。

成为好朋友的方法

借着经常联络来交换情报。抒发牢骚时,信赖关系也因此产生。

吵架时

非常有原则,若发起脾气来,友谊则产生问题。在失和之前,采取坦白实情、诚心诚意道歉的方法很有效。

购物时

专门找便宜的物品,很会杀价,值得一同前往。

移动电话·电子邮件

两者都很喜欢使用。用手机能马上联络到,网上通信则比较麻烦。

不可冒犯的禁忌

因为相当重视道德观念,对失约、迟到的行为不能原谅。

工作篇

有效的征人广告重点

例如:"情报消息和网络是财产。"对情报的搜集、分类以及活用很有兴趣。

胜任的工作

研究人员、电脑相关职业。能给人确切的忠告,类似顾问一职。

下达命令时

不要单方面下命令,而是要以商议的态度跟他(她)们讨论,会比较容易了解。

斗志一点灵

"请表达出你的意见。"认同他(她)们的能力,并且给予信赖,更能激发他(她)们的斗志。一旦有干劲后,他(她)们会表现出如超人般让人想象不到的工作表现。

若为上司

总是非常冷静地给予适当的建议。但若是他(她)们干涉你每一件事情时,那也是出于一番好意。

若为部属

善于扮演上司与部属沟通的桥梁角色,而他(她)们也喜欢这种角色。

若为竞争对手

人际关系良好,懂得推销自己,为了要打倒对方,他(她)们会事先做好充分准备。

推展商务的方法

因为重视互动关系,所以每一步都在建立信任感。

人际关系攻略

恋爱·结婚篇

恋爱的类型

外冷内热,属于冷静型的恋爱形式。相当重视恋人。

求爱法

积极主动会让他(她)们很没辙。例如:从早到晚采取电话攻势,他(她)们也不以拒绝为苦。

约会场所

对方的快乐就是他(她)们的快乐。和恋人的朋友或家人一同相处,也不成问题。

SEX

保守和开放。不反对一夜情,但会选择保守秘密的人。

防止花心的策略

和恋人发生争吵时,若有人在此时给予关怀,便很容易出轨。要记住,关系失和时千万要尽快处理。

避免伤害的分手方式

诚实地找他(她)们谈是最好的办法,若不够诚恳,他(她)们是会受不了的。

求婚进行曲

"绝对不会让你无依无靠。"此话让寂寞的人听到,比什么都来得贴心。

婚后

会慎重选择对象,再建立平稳的家庭。此种家庭观念或许有些强烈。

 家族篇

若为人父母

喋喋不休,很看重金钱。但是该花费时,绝对会支付。

若为人子女

外表顽固,在家中经常会发牢骚,多给予关心是消除压力的方法。

若为兄弟姐妹

在家中相当节俭,要注意的是,散漫的态度会造成不和睦。

若为人婆婆

大致什么事情都要打招呼比较好,一旦遭到排挤,最后便会变成很强势的对手。

激发潜能的教育方法

不擅长诚挚地表达自己,所以尽可能空出时间,听他(她)们的意见比较好。

高明的叱责方法

避免伤害其自尊心,不要单方面责备,有必要听其辩解。

闹别扭时改善关系的方法

是属于当心情苦闷时,要花一段时间来解除的类型。若用书信来道歉,会有意外的效果。

将来若要让他照顾

会亲切地和对方交谈,即使分离,也会经常保持联络。

人际关系攻略

友人篇

绵羊性格的人喜欢和朋友在一起，然而飞马性格的人则只有在愿意的时候，才会陪在身边。所以飞马性格的人会对不甘寂寞的绵羊性格的人感到厌烦，而开始想要欺负绵羊性格的人。

受到太阳族群强烈影响的满月族群的绵羊性格的人，容易为太阳族群所吸引，而且是无可救药地喜欢。只是，绵羊性格的人虽然自己也不喜欢受人强迫，但却又喜欢强制别人接受自己的想法。如此一来，这俩人似乎是一种截然不同的关系。

绵羊性格的人最无法忍受孤单一个人，或被冷落的状态。如果邀他（她）们进入团体与飞马性格的人交谈，且积极地接近，他（她）们会很高兴，并且坦诚对待。

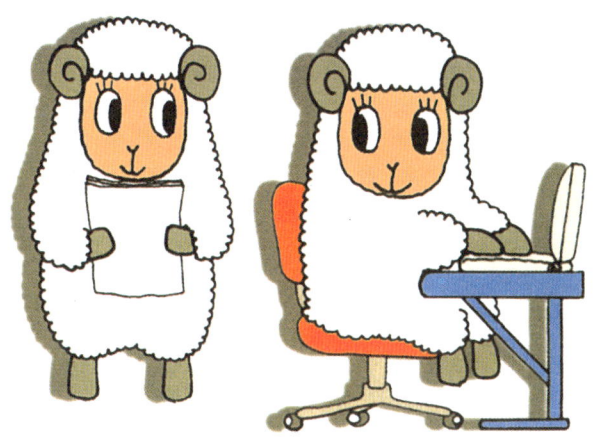

工作篇

属于达成目标型的绵羊性格的人,在公司做起事来,总是能大刀阔斧。强烈的求知欲,让他(她)们能够胜任知识性的工作,同时也不忘关心他(她)们周围的人。

绵羊性格的上司与部属都能认同彼此的能力,建立良好的关系。但是,一味地配合对方,却无法表达真实的自我,如此便容易产生压力。如果没有减轻压力的环境而继续工作,一旦发起脾气,反而会变得固执,所以偶尔也要和他(她)们谈谈。

以存钱为乐趣的人很多,所以有稳定的收入的工作,会让他(她)们更有干劲。

人际关系攻略

恋爱篇

绵羊性格的男性会很在意猴子性格的女友,而且是全心全意地照顾她们。

猴子性格的人相当爱撒娇,而且完全依赖他人。以对方为中心的满月族群的人,擅长照顾体贴别人。而以自我为中心的地球族群的人,若能得到别人的迁就配合,会格外地开心。这样的组合成为情侣,便能够完全了解彼此的需求。

绵羊性格的人一旦爱上之后,便会全心全意,而且他(她)们也要求对方能同样如此对待自己,但若彼此没有此种共识,勉强在一起,最终结果就是失败。另外,他(她)们拥有达成目标型特质要注意的是:对一件事情,他(她)们会很热心地去说服对方,但目的达成后,便会失去原先的热情。

家族篇

绵羊性格的小孩通常较为早熟,有时会很明白事理,有时会用大人的口吻直接指责别人。宽容亲切的小鹿性格的人如果是母亲,她们会懂得如何对待这样的小孩。

若母亲为弦月族群,而小孩为满月族群,此时,小孩会听从母亲的话。对绵羊性格的人而言,小鹿性格的人是个无条件付出的好妈妈。

然而,随机应变的小鹿性格的妈妈在对待绵羊性格的小孩时,有一点必须注意,就是避免自己反复无常的性格。一下子对绵羊性格的小孩温柔,一下子置之不理,反而会让绵羊性格的小孩不知如何是好。日常生活善变,会造成绵羊性格的小孩的困扰。

人际关系攻略

狸猫攻略法

友人篇

见面初相识

狸猫性格的人乍看起来很文静，谈话后会发现，其实他（她）们是开朗、诙谐的人。

成为好朋友的方法

这一类型的人觉得配合别人比较轻松。即使硬邀也无妨，可多邀他（她）们出去。

吵架时

由于讨厌争执，所以会尽量避免争吵。就算发现冲突，只要道个歉，立刻就能重修旧好。

购物时

会固定去可以安心购物的熟店。对大拍卖没什么兴趣。

移动电话·电子邮件

移动电话一响便会尽快接。不会积极地寄信，但一定会回信。

不可冒犯禁忌

千万别骂他（她）们是"骗子"，因为他（她）们是视情况而改变想法的人。

工作篇

有效的征人广告重点

例如:"××年开业。传统与经验的……"凡事有"经验"、"业绩",只要"古老"就觉得安心。

胜任的工作

学者、创业者。适合做能发挥旺盛求知欲的工作。亦适合当年长者的秘书。

下达命令时

有条理地说明做这项工作的理由。只要他(她)们了解指示的来由,就会照办。

斗志一点灵

"我要把我的经验传授给你。"这句话对渴望向年长者学习经验、知识的狸猫性格的人而言,效果显著。

若为上司

有老狸猫性格的人的威严,却不太会照顾人。最好别妄想依靠他(她)们。

若为部属

是迷糊可爱的部属。由于光说不练,所以必须盯紧点。

若为竞争对手

没来由的自信让他(她)们显得外表出众。反应不够快是其弱点。

推展商务的方法

给他(她)们主导权,并不厌其烦地与之交涉。这一类型的人相当不容易对付。

人际关系攻略

恋爱·结婚篇

恋爱的类型

一开始就会考虑到婚姻,相当认真老实。会和一个人做长期、深入地交往。

求爱法

是等对方开口的类型。容易败给花时间诚恳求爱的人。

约会场所

以美味而闻名的老店、古董展。一旦看上眼就不会在乎价钱,这点需注意。

SEX

抱着性爱=结婚的贞操观。若以游戏的心态与之交往,小心会进退两难。

防止花心的策略

非常不擅长逢场作戏,也没那个胆子,所以可以放心。如果有时碰到强烈的攻势,也会无心地与对方交往……

避免伤害的分手方式

以朋友的经验为例,说明分手的理由,可能会得到谅解。

求婚进行曲

"我眼里一直只有你。"以古典式的恋爱观进攻。男女大都与年长者结婚。

婚后

关系暧昧的同居例子也不少,一旦结婚,就会建立安定稳固的家庭。

家族篇

若为人父母

和孩子像朋友一样。不喜欢当面争执,所以乍看起来是明理的好父母。

若为人子女

虽然讨人喜欢,但也有内向的一面。希望借着聆听者的角色引出他(她)们的积极性。

若为兄弟姐妹

是家人之间的润滑剂。长大后举止就像兄妹,甚至有人感觉比父母还老气横秋。

若为人婆婆

利用配偶传达对婆婆的尊敬和赞美,会特别有效。待遇应该会突然转好。

激发潜能的教育方法

有优柔寡断、拖拖拉拉的倾向,只要教他(她)们分清界线,做出决断即可。

高明的叱责方法

"对不起"有时只是嘴上讲讲。让他(她)们清楚地了解被责骂的理由极为重要。

闹别扭时改善关系的方法

若不理不睬,别扭的关系就会一直维持下去。必须由己方主动修好。

将来若要让他照顾

他(她)们是尊重年龄、资历的人。不用你开口,他(她)们也会善待父母,无需担心。

人际关系攻略

友人篇

对总是忘记约定的狸猫性格的朋友,猴子性格的人不会信赖他(她)们。最讨厌人家说谎、欺骗的猴子性格的人,心中的不满会不断地累积。不过,对强过地球族群的弦月族群的狸猫性格的人而言,对别人会吐露情绪化言词的猴子性格的人也是有苦说不出。而狸猫性格的人对猴子性格的人的烦躁也是毫无察觉,依然迷糊应对。

顺应状况型,以对方为中心的弦月族群的人,会视当时的情况改变说法,或似乎没有主见地顺从别人,因此有时会给人一种"随便"的印象。其实他(她)们本人相当纯朴,交往后就会发现他(她)们的魅力无穷。

工作篇

重视最新资料数据的绵羊性格的上司,与以直觉或过去的成绩为先,年轻却守旧的狸猫性格的部属的关系。对无视于自己指示的狸猫性格的人,绵羊性格的上司总是满腹不满。加上不拘小节的狸猫性格的人,总是比小心伺候周围人的自己受欢迎,更是让绵羊性格的上司感到不是滋味。

即使是同一个月份,满月族群的绵羊性格的上司对弦月族群的狸猫性格的人那无所谓的态度,总是感到难以应付。此外,狸猫性格的人亦无出人头地的欲望,没有竞争意识。只要能研究自己感兴趣的事情,就算是捉刀,他(她)们也乐意。在竞争激烈的现代社会中,狸猫性格的人似乎有点脱离尘世。

人际关系攻略

恋爱篇

邀约去流行的景点或热门的主题乐园,猎豹性格的他会拖着狸猫性格的女朋友玩得头昏眼花。而狸猫性格的女朋友也会一起乐在其中。

对弦月族群的人而言,太阳族群的人是永远也赢不了可靠又有魅力的对象。同样是视情况应变的人,心血来潮时会答应突然的邀约。也只有以对方为主的狸猫性格的人,才能全力配合以自我为中心的猎豹性格的人。弹性的狸猫性格的人对猎豹性格的人而言,是舒服、速配的伴侣。

狸猫性格的人对恋爱比较迟钝、羞怯,几乎没有自己主动示爱的。不过因为不擅拒绝强硬的邀约,有时会和不喜欢的人交往,容易被异性误解。

家族篇

玩具被人抢走,父母或孩子都会说算了,从不放在心上。这就是满不在乎的狸猫性格的亲子。对东西不执着的狸猫性格的人,常发生这种状况。

若亲子同为弦月族群,则是平稳、毫无争执的关系。彼此都没有什么坚持,所以父母和孩子的要求都不多。不过弦月族群的人有种倾向,就是会将暧昧的情况放置不管,因此孩子长大后,常常不懂世俗的规范或礼节,必须特别注意。

另外,有要事转告狸猫性格的家人时,要再三提醒。因为,他(她)们虽然一口答应你,但一下子就会忘记了。

人际关系攻略

小鹿攻略法

友人篇

见面初相识

小鹿性格的人很容易紧张，所以要沉静温柔地对他（她）们讲话。他（她）们正在等待你的主动接近。

成为好朋友的方法

殷勤联络，并结伴出游。他（她）们会因客气而不主动联络，你要积极邀约。

吵架时

若不采取主动，心结将永远无法解开。表面上显得毫不在乎，其实心理仍有疙瘩。

购物时

会因店员的推销而买下不需要的东西。要同行者为他（她）们费心注意。

移动电话·电子邮件

接移动电话的速度是12种动物个性中最快的。由于写信可以比直接讲话更大胆，所以他（她）们乐此不疲。

不可冒犯的禁忌

最讨厌粗鲁的言词、举止或被强烈斥责。他（她）们会关起门躲进自己的房中。

工作篇

有效的征人广告重点

例如:"不需任何经验或知识。"认为期望不高、没有负担比较好。

胜任的工作

教育工作者、天然食品业。对人或自然都兴趣盎然,自然也擅长培育方面的工作。

下达命令时

一对一仔细地说明。有疑问当场解决,让他(她)们能安心地开始进行。

斗志一点灵

"有没有问题?要不要我帮忙?"当他(她)们感到有人珍视、袒护自己时,会有坚持下去的决心。

若为上司

一旦熟悉了解后,就会突然提出任性要求。不过他(她)们很会指导工作。

若为部属

虽有不可靠的一面,但他(她)们的弹性也是职场润滑剂,这点值得注意。

若为竞争对手

好像是坐享其成的人,其实本质坚强,有刚烈、棘手的一面,不可轻忽。

推展商务的方法

用真心而非手腕谈生意的类型。只要诚实应对,便能顺利进展。

人际关系攻略

恋爱·结婚篇

恋爱的类型

即使不处于恋爱中,也是满脑子想着恋爱。会将热情倾注在一个人身上。

求爱法

对柔弱攻势不予理会,加强攻势就会上钩。最好采取不过分的激烈的邀约方式。

约会场所

常去的熟店、熟悉的地方。光是手牵手和情人散步也行。

SEX

有和喜欢的人肌肤相亲的强烈欲望。不过,当时喜欢的人不仅限于情人。

防止花心的策略

若无法经常确定是被爱的,就会见异思迁。要抓住他(她)们,就要不断地倾注爱情,不要让他(她)们不安。

避免伤害的分手方式

以工作为借口避免不见面,也是方法之一。他(她)们很容易马上就能找到新情人。

求婚进行曲

"我放不下你。"让他(她)们突生依靠之心。结婚欲望很强。

婚后

男女都有选择强势对象的倾向。若有了孩子,将会是以孩子为中心的温暖家庭。

 家族篇

若为人父母

对子女充满了爱心,把他(她)们当成所有物般地爱惜,很难让子女单飞。

若为人子女

在外胆小、在家任性。要督促他(她)们扩大活动范围。

若为兄弟姐妹

不是被其他姐妹(兄弟)溺爱,就是被马首是瞻,相当极端。是家庭和乐的关键。

若为人婆婆

不能采取严厉的口吻或表里不一的态度。以平和的态度对之,她们应该会亲切地倾囊相授。

激发潜能的教育方法

内向的性格容易随之成长。要让他(她)们了解成为焦点的快乐所在。

高明的叱责方法

训斥时也要回答孩子所问的"为什么"。他(她)们知道理由后也会很快理解。

闹别扭时改善关系的方法

受不了闹别扭后的紧张关系,等待对方好言以对。

将来若要让他照顾

和无条件付出爱的父母关系亲密。生性多虑,应该不会分开住。

人际关系攻略

友人篇

总是独断独行地带领朋友的老虎性格的人常常很温顺,但他(她)们重视小鹿性格的人的意见。

地球族群的老虎性格的人喜欢凡事照计划一步步地进行,带着自信大方地去行动。不过,弦月族群的小鹿性格的人拥有老虎性格的人所没有的创意构思,让老虎性格的人深受吸引。小鹿性格的人也常受益于地球族群的人讲求合理的一面,是一种互补的关系。

小鹿性格的人需要有人积极引他(她)们说话。若不理会,他(她)们就会沉浸在自己的世界中。虽然不太会主动去交朋友,但其实对他人有强烈的好奇心。小鹿性格的人也希望能交到可以激发自己的朋友。

工作篇

弦月是求知欲之天。一旦产生"为什么"的疑问，就忍不住要问他人或去查询。

因此，小鹿性格的部属最喜欢听知识渊博的狸猫性格的上司说话。同属弦月族群的狸猫性格的人，很高兴能展露知识，所以和小鹿性格的部属会谈得很投机，弦月族群的人的求知欲是很大的动力。同属弦月族群的人，在工作上可以建立良好的合作关系。

小鹿性格的人极富潜力，但因基本上总是处于被动的地位，所以经常无法发挥能力。积极地交给他（她）们工作，引出潜在的能力，他（她）们将可能展现意想不到的才能。

人际关系攻略

恋爱篇

当女性是满月族群、男性是弦月族群时,基本上会建立和谐的关系。但依据动物个性的不同,有时也会产生意想不到的歧义。

满月族群的黑豹性格的女性,会非常喜欢温柔、感情丰富的弦月族群的小鹿性格的男性。但是,为了测试小鹿性格的男性不够明朗的态度,她们会故意表现出受到其他男性吸引的样子。当小鹿性格的男性忌妒、不知所措时,便会一走了之。因为讨厌行为不当的小鹿性格的男性,对黑豹性格的女性会感到失望。

小鹿性格的男性若不经常确认对方的爱情,就会感到不安。同时还有意气用事的倾向,因此欺负、捉弄黑豹性格的女性将会收到相反的效果。

家族篇

大象性格的弟弟的旁边,有喜欢照顾人的小鹿性格的姐姐。小鹿性格的姐姐非常疼爱大象性格的弟弟,但大象性格的弟弟却满脸困扰状。

太阳族群的人,从小就有以自我为中心的个性。自己心血来潮时乐意和他人玩在一起,否则就不太爱理人。要是对方是弱势的小鹿性格的人,即使年龄较长,他(她)们也不会放在眼里。

在太阳族群与弦月族群的姐弟组合中,父母应该注意凡事以对方为主、顺从他人的弦月族群的孩子情况。习惯在强势的兄弟姐妹中自我压抑地成长,会使他(她)们内向的性格更为严重。

人际关系攻略

一语道破朋友关系

自己 \ 对方	大象	猴子	狼
狮子	和外表相反,可以为多虑的你打气的可靠朋友。	即使不满狮子的行动方式,也不要轻易说出口。	不要过度批评狮子,他(她)会以为你在贬低他(她)。
猎豹	会让你的人生充满活力,要保持密切的关系。	不要因为他(她)态度不端正而轻视他,彼此一起还是很快乐的。	随机应变型的人。若将自己的做法硬套在他(她)身上,结果会不妙。
飞马	你能了解飞马的喜怒无常,要尽力去接受他(她)。	你很难了解他(她),郁闷的时候让他(她)独处。	彼此的第一印象都不好,若不特别用心则缘分浅薄。
大象	不用说出口也能了解不善言辞的你。	能了解彼此的善意,互相照顾安慰,让你感到温暖。	都是脚踏实地的人。合得来的可能性很大。
猴子	对这种不稳重的朋友感到不厌烦,是你不好的习惯。	喜欢享乐的玩伴。上进心都很强,可以相互帮助。	尊重你的步调,体贴入微。相处起来很愉快。
狼	讨厌他人强硬地闯入自己的世界,要慢慢地接近他(她)。	尊重彼此的步调,可以熟悉愉快交往的好朋友。	能了解彼此特殊的感情。可以意会不需言传的轻松交往。
无尾熊	去学习对方的处事圆滑。他(她)是个好模范。	两个人在一起会玩得开心,是最好的玩伴。	对有个性的你投来善意的眼光。是你所珍惜、相处愉快的朋友。
老虎	别对老虎命令般的口吻生气。以他的角度,你是个值得信赖的好朋友。	凡事完美的老虎使你受益良多,是相当可爱的人。	可以信赖的朋友。最讨厌不负责任的态度,要特别注意。
黑豹	你严厉的言辞会伤害到他(她)。是比外表还单纯的人。	热心联系,可以改善的人际关系。讨厌被人忽视。	对有个性的你投来善意的眼光。是你所珍惜、相处愉快的朋友。
绵羊	两个人做事情都扎扎实实,要忍耐他(她)的啰嗦。	好讲理,令人敬而远之,找他(她)商量事情是成为好朋友最好的办法。	可以信赖的朋友。最讨厌不负责任的态度,要特别注意。
狸猫	表面上会配合你,还算容易交往。	知识渊博,注意聆听可能会得到很有利的信息。	彼此的任性会产生冲突。认真联络是友好的关键。
小鹿	切勿因他(她)温顺就说话不客气,他(她)会怀恨在心的。	柔弱的外表会勾起你的保护欲,其实他(她)是很坚强的人。	厌烦时不理他(她)也无妨,个性很强硬。

●所有的朋友关系一目了然!即使速配度不佳,只要知道攻略法,还是可以扩大交友圈。

一语道破朋友关系

自己＼对方	狮子	猎豹	飞马
狮子	切身感受彼此喜怒哀乐的终生好友。	不拘小节的气质跟你很投机。他（她）的坚持也会让你很敬佩。	虽然不讨厌，但是自高自大的态度会让人很不顺眼。就让他（她）作威作福吧。
猎豹	猎豹的开朗可以活跃气氛，是可以轻松交往的好伙伴。	凡事不执着，是可以推心置腹的好朋友。	充满善意的好人。不要讨厌他（她）对你亲近的态度。
飞马	飞马的举止随遇而安，可以放任不管。	极富自由的行动力。认为对方对自己要诚实。	一看就能了解你，即使是受到了周围人的责难，他（她）还是会帮助你的。
大象	心有灵犀，认真的态度相似，是值得信赖的朋友。	能脚踏实地努力的他（她），是你无条件认可的挚友。	两个人都不会听对方说话。不需要话语就能了解。
猴子	阿谀奉承的谈话方式会影响感情。对方也很讨厌你强势的语气。	会觉得对方很啰嗦。但是如果表现在脸上会使关系恶化。	要学习他（她）脚踏实地的态度。
狼	独特的个性让人觉得你很有魅力，但是你也是个无法理解的对象。	即使你感受到一丝不信任，狼其实没有坏意。	都是以自我为中心的人。讨厌被人忽视，也需要检讨自己。
无尾熊	自己的单纯容易被人看穿，是在一起很愉快的朋友。	一起努力的程度很相似。别因为对方悠哉的步调而心浮气躁。	会将自己的步调强加于你，是个不好应付的对手，要保持距离。
老虎	有条不紊的态度、行动力是自己学不来的。	在任何场合都可以依靠的朋友。爱逞威风时就迁就他（她）一下。	对爱好和平的他（她）来说，你是个惹事的眼中钉。
黑豹	会对对方的敏感有着好感，容易轻视对方。	喜欢同一类型的人。或许会讨厌容易着迷的习惯。	对爱管闲事的发言会恶语相对，要学会包容他（她）。
绵羊	喜欢坦率的气氛。对方唠唠叨叨会让你感觉不爽。	即使与他（她）谈话还是会觉得自己寂寞，多听听他（她）说话是解决的对策。	两个人没有什么共同点。要学习绵羊冷静的判断力。
狸猫	容易搭话的温和的朋友。总会为别人着想，心地善良。	搞不懂他（她）在想什么，但这也是他（她）的魅力所在。	糊里糊涂的个性相同。如果无故失约，一定要说明理由。
小鹿	一旦看到对方有虚张声势的时候，就情不自禁地想保护他（她）。	即使是生拉硬拽，他（她）也会爽快地奉陪到底。是个不需要客套话的好朋友。	可以自由交谈的朋友。要小心自己的话语不要伤害到他（她）。

●横轴是自己的个性，纵轴是对方的个性。从交会处可以得知彼此的速配度。

人际关系攻略

一语道破朋友关系

自己 对方	绵羊	狸猫	小鹿
狮子	和你一样喜欢被关心。奉承是最有效的方式。	非常欣赏你耍闹的乐趣和自然的人品。	不能接受你的任性。要努力去取得平等的关系。
猎豹	表现自我模糊的你和直爽的猎豹容易产生误会。	猎豹的开阔胸襟会接纳你的一切,是重要的朋友。	总是会在意、照顾你。但是别太滥用对方的好意。
飞马	讨厌被强迫,体贴飞马的言语反而会引起反感。	和老实敦厚的你在一起会觉得很舒服。	避免接近你的高度警戒心。更坦然地去面对一切。
大象	是个大部分时间都要自己娱乐的人。最好不要勉强要他(她)加入。	不善于自我表达的你和口拙的大象,你们之间的误解无法澄清。	是个独行侠。会稍稍轻视依赖心强的人。
猴子	对怕寂寞的你而言是个愉快的玩伴。见面次数太过频繁会让他厌倦。	猴子最讨厌别人说谎,别忘记与他(她)的约定。	会对装可爱的你产生不信任感。你们的本质其实很像。
狼	变成好友后会彻底照顾自己。是会珍惜你的朋友。	以不可思议的感情互相交会,交给这个人去安排一切最好了。	两个人皆重视自己的伙伴,别因自家人的意识而使视野变得狭窄了。
无尾熊	脑筋好,善于观察你的情绪。和他(她)在一起会很轻松。	非常能接受你的糊涂,希望他(她)不会随便应付。	彼此在一起很有乐趣,但或许很会利用容易相信人的你。
老虎	从容不迫的样子会给人带来安全感。些许的傲慢是美中不足之处。	两个人都很主观。要小心相互斥责。	对活跃的老虎而言,你保守的建议是有帮助的。
黑豹	满月族群的天真是可以亲身体会的,是很温柔的。	自尊心强,会被你漫不经心的话刺伤。	如果想依靠猎豹是很难的,还是要自立自强。
绵羊	认为重要的事情相同。会互相听对方的牢骚,互相安慰。	要去尊重绵羊。一旦忽视他(她),马上会退缩。	如果要倾诉心中的压力,找这个人准没错。非常善于应答。
狸猫	看起来很会答应人的人。是个完全没有恶意的人。	在心理方面想成长的想法是相通的,是个可以深交的灵魂挚友。	胆小的你不需设防,且是可以相处融洽的朋友。会是平稳的关系。
小鹿	看似是你在主导,但实际上完全相反。不好对付。	把信赖寄托在你的好人品上。如果背叛他(她),他(她)发起火来是很吓人的。	可以互相理解并接受优缺点。是难得的好朋友。

●横轴是自己的个性,纵轴是对方的个性。从交会处可以得知彼此的速配度。

一语道破朋友关系

自己＼对方	无尾熊	老虎	黑豹
狮子	听到人家辩解会翻脸。想法最好直截了当地沟通。	同样好强。如果彼此吹捧还挺好相处的。	会让你有被欺负的感觉，他（她）的态度会变得缓和。
猎豹	思考前先付诸行动。和深思熟虑的你有许多不同之处。	或许会因他（她）随便的态度而焦躁。多去注意猎豹的优点。	彼此都喜欢装腔作势。会形成竞争对手的关系。
飞马	彼此的直觉都很敏锐，或许会在一瞬间看透对方而敬而远之。	情绪善变难相处。心情不好时尽可能远离是上策。	虽然会因任性而发生冲突，但平常很干脆。
大象	重视判断敌我的人。一定要把他（她）当做自己人。	会仔细听你的忠告，但要小心说话，太过分会发火。	两个人都因直言不讳的说话方式而容易遭到孤立，联手会成为强有力的组合。
猴子	会第一个参与你的计划。在一起乐趣倍增。	总是依靠你的可爱家伙。会形成平衡感很好的关系。	会因强烈的好奇心、向上心及旺盛的创造感气味相投。
狼	互相认可，保有个人领域的同时，也是亲密的伙伴。	不隐藏自己好挑剔的个性。会善意地认可你。	总是另眼相看这个拥有自我姿态的朋友。
无尾熊	喝酒、旅游时都是很愉快的伙伴。是情投意合的挚友。	平常好挖苦人，如果亲切对待，会变成坦率的人。	两个人皆容易愁眉不展。因为了解对方的情绪，所以彼此会互相安慰。
老虎	不会客套，说话不做作，真心相对是很重要的。	初次见面就情投意合。会让彼此成长，也是值得尊敬的挚友。	会以冷静的判断去制止爱出风头的你。是个可以依靠的人。
黑豹	情绪化、容易了解、可爱。让他（她）有面子会很高兴。	会在意别人的眼光，背地里说人坏话。虽然稍稍情绪化，却是个性很好的人。	喜好和感觉很合得来，很容易讲老是提到自己的话题。
绵羊	无法了解你服务精神的朋友。要诚心实意和他（她）说话。	两个人总是被好友包围，如果在一起交友圈会扩大。	会经常用电子邮件、电话联系朋友，是可以彼此商量的对象。
狸猫	虽然老实，做事不太起劲，但当你遇到困难时会伸出援手。	会让你觉得没有责任感，但他（她）没有恶意，所以会毫无理由地原谅他（她）。	狸猫是暖昧型，你是追求型。一旦阴差阳错就不会有交往。
小鹿	十分谨慎，不能成为好朋友。如果心灵相通会成为好伙伴。	总是会过来接近你，会让你变得放不下心。很会撒娇。	一旦成为朋友就会变得任性，或许会让你觉得厌烦。

●横轴是自己个性，纵轴是对方的个性。从交会处可以得知彼此的速配度。

人际关系攻略

一语道破工作关系

部属 上司	大象	猴子	狼
狮子	对踏实完成工作的部属来说，会不断地给予信任和援助。	容易因为上司的严厉态度而畏惧。积极询问他（她）的意见比较好。	虽然是个会让你自由发挥的上司，但如果忽视他（她）会让你们闹别扭。
猎豹	只要努力工作，他（她）会以相同的诚意来回报你，是个既开朗又跟你默契的上司。	对以自我为中心的上司非常不满。如果感情用事，关系就会恶化。	默默无闻的态度会让我行我素的狼部属着急。
飞马	不听他人言的上司。但不会事后放马后炮，很好相处。	不擅长沟通的上司。太过关注反而会让他（她）讨厌。	不能相互认可，会让部属诚惶诚恐。保持距离比较好。
大象	会用心发觉你的潜在能力。虽然彼此都口拙，但依然能明白彼此的意思。	不会开口叫你努力，但是喜欢孜孜不倦地工作的部属。	两个人都会辨别对方是不是自己人。一旦视为敌人，就会变成可怕的对手。
猴子	会在各个方面啰嗦的上司，即使是部属的指示也要关注一下。	会疼爱和自己一起积极工作的部属，互相赏识。	会随意使唤足智多谋的部属，猴子也喜欢被信赖，所以两个人关系很和谐。
狼	讨厌被弄乱步调的上司。会偏袒自家人，所以如果被他（她）厌烦，对部属来说不利。	喜欢既活泼又机灵的部属，会以对自家人的方式支持你。	彼此互相欣赏并尊重对方。不需要言语也可以沟通。
无尾熊	精于算计的上司。耿直的做法会被利用在很多方面。	服务精神很旺盛，在公司里举办的宴会中会掀起气氛。	想和大家和睦相处的上司，能接受狼部属的独断专政。
老虎	很会照顾人。不喜欢部属有个人主义，依赖上司会比较好。	会随机应变接受前来寻求依靠的部属。如果违背他（她），会被上司抛弃。	让老虎上司掌握主导权能够形成良好的关系。否则会被攻击。
黑豹	感情会马上表露在脸上，容易被人了解。切忌跟上司吵架。	想得到部属的尊敬。是个为所欲为的上司。	如果被狼部属轻视会畏缩不前。用奉承的方式讲话很有效。
绵羊	会客观冷静判断的上司。因为冷静，对大象部属来说很好共事。	彼此对金钱都非常斤斤计较，太拘泥于金钱的话会有对立的关系。	两个人都讨厌被强迫。发生冲突之后两者之间的关系会产生巨大的隔阂。
狸猫	别太过快速地回答问题比较好。他（她）是个大多数时间只会用嘴巴讲话的上司。	总跟比自己职务高的人在一起的上司，不太关心部属。	对狸猫上司无条件的相信，狼会有着不信任的表情，狸猫对狼毫无关心可言。
小鹿	刚开始不能融洽相处的上司，熟悉之后就会非常依赖你。	容易对自认为被欺负的部属敬而远之。	狼部属会欺负心存不安感觉的上司。彼此会越来越难以相处。

● 所有上司、部属关系一目了然！在公司的人际关系佳，工作效率也会大幅提升！

一语道破工作关系

上司 \ 部属	狮子	猎豹	飞马
狮子	能了解在意面子、想打肿脸充胖子的上司的心情，所以很好相处。	气味相投的上司。因为彼此都很粗枝大叶，所以做事要小心。	任意采取行动，会引起上司的愤怒。即使内心不爽，表面上也该顺从他（她）。
猎豹	凡事往好的方面想的快乐上司，不是很讲究细节，所以可以很自由地进行工作。	活泼、什么话都可以聊，爽快的上司。	有很大的肚量去赞赏部属。由于他（她）的粗枝大叶，会形成自由的气氛。
飞马	怕麻烦，凡事都会交给部属去处理。和粗枝大叶的狮子非常相称。	不去管细节，如果懂得和他（她）相处，可以自由地发挥自己的能力。	双方都与众不同。如果不被强迫，也不会跟上司提太多的要求。
大象	喜欢区分敌我的上司。因为性格相合，所以会很想支持他（她）。	自己会很快地做完工作，不会唠唠叨叨，是个好相处的上司。	喜欢中庸做法的上司。虽然耿直，却懂得赏识个人的能力。
猴子	会一一提出指示的啰嗦上司，似乎很难领导刚强的部属。	如果用轻浮的方式说话，很容易伤到他（她），所以要多加注意。	会从重视细节的上司身边躲开的部属，如果小看会造成关系恶化。
狼	凭自己的步调去走，独断专行的上司。如果态度强势一点，上司就会听你的话。	有点怪，容易勉强他人接受自己的步调，但在工作关系上是没问题的。	彼此不关心。不会有来自上司的压力，也不要期待得到帮助。
无尾熊	对女孩子热情，会约她们出去喝酒，容易对强势的部属敬而远之。	憨厚的上司，喜欢在宴会上能主动过来敬酒的部属。	对人态度很好的上司，但或许会不好意思管理飞马部属。
老虎	是个精力旺盛又很活跃的上司。要求的水准高，很辛苦。	主观意识强，但很可靠。懂得如何高明操纵爱出风头的部属。	是个重视公司内部团结的上司，希望每个人减少表现欲。
黑豹	会多管闲事，有点烦人，希望得到部属关心的上司。	别开玩笑太过，是个很会在意面子和立场的上司。	会对不尊重自己的部属生气，喜欢当众表扬人。
绵羊	不擅长应付太阳族群部属。有诚意和他（她）商量，好感度会增加。	无法通融的老顽固上司，对爱好自由奔放的部属发许多牢骚。	重视伙伴意识的上司，如果同他（她）商量事情，他（她）会很照顾你。
狸猫	如果确实有实绩，这个上司会赞赏你的。不要抱着轻视的态度。	很会分配工作。虽然是个有点糊涂的上司，但会将部属的独特风格引导出来。	欣赏有能力、有点奇怪的且有个性的部属。有理解能力的上司。
小鹿	有点软弱的上司。但只要真心尊敬他（她），会指导你各种事情。	不擅长变化，很单纯，相信而且依靠人品好的部属。	会在各个方面对你很亲切。遭到背叛会深深地伤害到他（她）。

●横轴是部属的个性，纵轴是上司的个性。从交会处可以得知彼此的速配度。

人际关系攻略

一语道破工作关系

部属 / 上司	绵羊	狸猫	小鹿
狮子	忠实服侍严厉上司的绵羊，彼此决不会说出自己的真心话。	不受上司宠爱的狸猫，可以平安无事地应付使用强权的上司。	狮子会忍不住想责备部属的胆怯，不圆滑。
猎豹	总是说大数字的上司和拘泥小数字的部属，互相排斥的关系。	一边逗上司的自尊心，一边以伙伴的关系愉快地相处。	一边保护对工作充满热情的小鹿，一边领导他（她），是一种非常好的关系。
飞马	看起来关系很好的两个人，但所有的社交辞令都是表面功夫。	面对注意应对细节的飞马，老奸巨猾、聪明智慧的狸猫还是会被喜欢。	飞马心情好的时候关系良好，心情不好时视而不见。
大象	常识方面的价值观很相似，属于彼此会忠诚努力的类型。	狸猫不太擅长应对老顽固的大象。过于自信的态度会招人讨厌。	忽视小鹿部属的上司。使出强硬态度会形成良好的关系。
猴子	讨厌没有威严的上司，或许会啰嗦地发牢骚。	上司让部属感受到压力，彼此非常合得来。	彼此不开心。小鹿的难对付和猴子智慧联合起来，会成为强有力的组合。
狼	两个人的好奇心都很强，一起去喝酒时也会因为知识性的讨论而情投意合。	喜欢博学多才的狸猫的上司，互相刺激的关系。	让小鹿部属看到自己操心一面的上司，欣赏隐藏着的才能。
无尾熊	绵羊部属最擅长扮演倾听者的角色。会很有耐心地听上司发牢骚。	狸猫很懂得配合无尾熊的步调，是个可以信赖的部属。	上司眼光中难以了解的部属。相信小鹿的真诚。
老虎	绵羊如果尊重上司会很平静。一旦违反他（她），就会毫不客气地攻击你。	即使对老虎的强硬态度感到生气，也不会表现在脸上，擅长操控上司。	感情会马上溢于言表的小鹿部属。犹豫不知该如何相处的老虎上司。
黑豹	如朋友般总是勾搭在一起的上司和部属，话题会越聊越起劲。	自己觉得很不擅长去面对主观意识很强的上司，但会应对得很好。	上司对部属强烈的依赖心感到烦躁。希望能以负责任的态度面对。
绵羊	彼此为对方的参谋互相尊重。维系一辈子的稳固关系。	用很有诚意的话去接受爱说话的上司会非常有用。他（她）的态度可以被你软化下来。	两者皆是怕寂寞的人。如果了解小鹿不怕生的一面，应该会拉近距离。
狸猫	对粗枝大叶的上司非常不满，但隐藏在心里会积累压力。	彼此都是糊涂虫，所以相处起来会是很愉快的搭档。心灵非常契合。	如果是用心良苦的上司，什么都可以对他（她）说。
小鹿	绵羊觉得看起来既单纯又无力的上司不够十全十美，所以容易轻视他（她）。	即使上司非常任性，仍然可以相处愉快的部属。狸猫的本领技高一筹。	因感兴趣的对象和对事物的感受产生共鸣。彼此会给对方带来好的影响。

●横轴是部属的个性，纵轴是上司的个性。从交会处可以得知彼此的速配度。

一语道破工作关系

上司＼部属	无尾熊	老虎	黑豹
狮子	如果可以掌控部属会是圆满的关系。如果发火会是可怕的上司。	喜欢工作的老虎是狮子喜欢的部属。老虎有些想反抗刚强的上司。	两者脾气都很冲。彼此都各有自的想法，因此不会很融洽。
猎豹	切忌抢先于猎豹的上司。如果让他（她）出风头会心情很好。	猎豹讨厌部属一付了不起的样子。互相都会反感。	会因工作上的方式互相竞争。两者皆是自以为是的人，谁也不让谁。
飞马	对飞马完全不需详细说明和联络，只要报告结果就行。	老虎部属面对马上就会把工作推到别人身上的飞马，几乎都快要爆炸了。	因创作的感情而产生共鸣，彼此都很容易厌烦，在工作上是不适合的搭档。
大象	马上提出行动的上司和慢慢盘算的无尾熊步调不合。	对大象的上司做出爱管闲事的发言是禁忌。如果听从他（她）会改善关系。	不太能信任轻浮黑豹的上司。希望能踏实地投入。
猴子	可以没有顾虑的谈话，虽然是好掌握的上司，但如果背叛他（她）会恨你一辈子。	老是依赖老虎部属的上司。在隐秘的地方给予忠告会很高兴。	对猴子上司而言是个傲慢的部属。不服输的一面容易起冲突。
狼	让喜欢控制场面的狼去控制场面是上策。多嘴会惹人讨厌。	双方讲话的语气会很苛刻，发生口角时会恶言相向。	互相欣赏。只要别过于干涉，关系会很友好。
无尾熊	彼此都很会找借口。别因为上下的力量关系而被拉拢。	可以安心把工作交给老虎的上司。彼此认可对方的实力。	尊敬无尾熊上司的高明手腕。对上司而言是个好相处的部属。
老虎	不为周遭的环境而费心，很会盘算的老虎可以洞察无尾熊。	心领神会的好关系。两个人共事会既有效率又合理地处理事务。	在架势从容不迫的老虎上司面前会变得率直。上下关系明确。
黑豹	感情溢于言表的上司。对冷静的无尾熊而言是个很好应付的对象。	与老虎有竞争对手意识的黑豹，必须考虑到要尊重上司的立场。	对工作、玩乐都抱有期待的姿态是相同的。可以潇洒表现的完美搭档。
绵羊	喜欢互相帮忙的上司。如果只考虑自己的利益就会被轻视。	只有部属在high，会闹别扭的上司。积极邀约会增加好感。	可以向擅长经营小节的上司撒娇。上司也会保护前来撒娇的部属。
狸猫	两者都很会帮腔，但种类截然不同，会互相探听。	上司的随便时常会惹你发火，但狸猫完全感受不到。	部属在看不见的地方很辛苦，所有的功劳却都归于上司。
小鹿	相信并依赖谨慎的无尾熊。无尾熊容易轻视上司。	彼此以诚相待，基本上很合得来。上司不可靠的时候老虎会放弃。	懂得借助他人力量的上司，部属会自然给予协助。

●横轴是部属的个性，纵轴是上司的个性。从交会处可以得知彼此的速配度。

人际关系攻略

一语道破恋人关系

女性\男性	大象	猴子	狼
狮子	强悍的男友主导不安的女友。其实他是在逞强。	他会满足于有一个开朗的女友。强硬按照她的步调走是不行的。	两个人都很有个性,但却出乎意料地契合。发生冲突的时候可能会在一瞬间分手。
猎豹	因为感觉合得来,所以不需要言语,是一对积极而有活力的情侣。	对想踏实培育感情的女友来说,他的态度看起来诚意不够。	我行我素的她和忙碌活跃的他,如果没人退让会有争吵。
飞马	容易按照心情行动。当他郁闷的时候别管他。	好奇心强烈的她每天都很忙碌。无法奉陪他的反复无常。	彼此都坚持自己爱人的方式。她喜欢强势,他想逃跑。
大象	会很热恋。除了情绪高涨的之外,让热度持续下去才是关键。	她喜欢他正直的性格,如果太过啰嗦,他也会发火。	顽固的他会在不知不觉中被带进她的步调中。
猴子	她一心一意只想着他。她的心意很可爱,也让人喘不过来。	所有方面都很默契,要注意彼此都会感情用事的一面。	她会对经常应酬的他不满。他不会讨厌她的占有欲。
狼	两个人说话的口气都很苛刻。需要把对方的话打个折扣来听。	互相尊重对方生活方式的理想情侣。可以彼此帮助。	彼此的个性会互相吸引,可以像爱自己一样爱着对方。
无尾熊	他会对为爱全心投入的女友另眼相看。相信自己!	贪图享受的两个人。他如果没有恶意的谎言,就原谅他吧!	不被周围的声音所困惑,会用属于两个人的方式培养感情。
老虎	一对精力旺盛的情人。太强调自我会引起冲突。	和可依靠的他在一起,她会变得渐渐直率起来。非常安定的关系。	她在男友强壮的臂膀里会觉得非常舒服。
黑豹	吵架的时候女方先道歉吧!他好像很喜欢跟女友撒娇。	她会沉醉于他帅气的外表。要有心理准备,他会随时变心的。	对不在乎他人眼光的她而言,会觉得在意他人眼光的他有些讨厌。
绵羊	彼此都很诚实。只是目前缺少一点高潮的气氛。	怕寂寞的他配上喜欢热闹的她简直是绝配!但他的傲慢也会让人受不了。	又酷又稳重的他看起来很值得信赖。在他面前她会变得很坦率。
狸猫	容易形成她比较强势的关系。试着依靠度量大的他。	彼此因为对方拥有自己所没有的特质而互相吸引,但他的散漫会让人感到焦躁。	凡事都以她的期望值为优先的温柔男友,如同兄妹般的安定感。
小鹿	他对她的感情感到不安。会试着用语言来表达自己的想法。	别要求他跟其他的男性一样主导一切。以朋友相处的两个人会很和谐。	面对独来独往的她,渴望得到爱的男友或许会觉得很寂寞。

●所有的恋爱关系一目了然!深受天体力量影响的男女关系。掌握攻略法,夺得你的意中人!

一语道破恋人关系

女性＼男性	狮子	猎豹	飞马
狮子	喜欢及时行乐，感情好。多宠宠他会增进感情。	他打心眼里喜欢她的开朗。但想在他面前强势起来是不可能的。	热恋中的俩人热度会在一瞬间冷却。需要保持一定的距离。
猎豹	如果把他的轻佻视为魅力的，会激发出既开朗又让人兴奋的恋情。	彼此的强烈自尊心互相冲突会引发不安。对事物的投入程度相同。	忙碌的她和随和的他最理想的相处方式是不结婚。
飞马	关键在于拥有包容他的随和态度和开阔的胸襟。	如果迷上了会蹦出火花。豪华气派地玩会非常热闹。	互相理解的两个人。重点是不要束缚彼此。
大象	两个人重视的东西相似。如果能相互尊重对方，一切OK。	女友能温柔开导谨慎的他，可以形成良好的关系。	虽然般配，但喜怒无常的她会牵着容易操心的他的鼻子走。
猴子	她的灵机一动会让他焦躁不安。强硬的态度不是好做法。	她紧张的情绪对想维护自我步调的他来说稍显沉重。	对渴望得到注目的他而言，她显然无法理解这种感觉。
狼	应该会被他强硬的个性所吸引。尝试着多撒撒娇。	只要能尊重他个人的时间，就能形成圆满的关系。	彼此追求不同形态的自由。要尊重他的坚持。
无尾熊	由口才好的他来主导一切是理想的相处方式。	喜欢有趣事物的他对于安静的她，可能会不知所措。	他会配合她的喜好来寻找快乐。不过有出轨的危险。
老虎	太强势的两个人容易起冲突。如果女方愿意退让，则会有好的发展。	女友无恶意的玩笑会伤害到爱面子的他。	依理行事的他不能原谅她的任性。关系的维护需要女友的努力。
黑豹	不可以毫不客气地指责他的缺点，他真的很天真。	俩人都喜欢备受注目。女友如果可以体贴想要出人头地的他，两人的关系就会圆满。	如果他会因为女友不经意间的言语而引起的冲突怀恨在心。
绵羊	面对引人注目的她，男方可能稍有不满。	别轻看他的约束，小小的无心之过可能会造成惨痛的后果。	不重视他的朋友会跟他别扭，所以即使是装出来的重视也很有效。
狸猫	两个人的对话越多关系越好。通过第三者称赞他效果会非常好。	他努力配合女友的步调，维持着两个人的关系。	他很接受女友的感性。彼此会拥有轻松的关系。
小鹿	要非常勤快地联络对方，别被人耍得团团转。	面对活跃的女友他会温柔地对待，两个人之间有种绝妙的平衡感。	他的模糊不清会给女友舒服的感觉，但要克制自私的心态

●横轴是女性的个性，纵轴是男性的个性。从交会处可得知彼此的速配度。

人际关系攻略

一语道破恋人关系

女性 男性	绵羊	狸猫	小鹿
狮子	他觉得她耍脾气的样子很可爱,如果懂得尊重他就OK。	他喜欢她可爱又糊涂的样子。很协调愉快的一对情侣。	他是个爱撒娇的孩子。老是黏着他会让他烦躁不快。
猎豹	如果对常转移目光的他唠叨,就会产生反效果,最后以惨痛的结局收场。	彼此会为小事想不开,却很积极的一对笑声不断的圆满情侣。	一看到她就会激起他男人的本能。两个人能长久地持续下去。
飞马	女友只要一直等待,见异思迁的他一定会回到你身边。	她懂得掌控讨厌束缚的他。可以维系若即若离的关系。	随和的他只有在她面前才会变成为一个温柔情人。
大象	会把女友的牢骚从左耳朵进右耳朵出。他会很不客气地开口。	态度不明的她会让他感到困惑。男友可能会被横刀夺爱。	他忍耐依赖自己的她的程度已经快到极限了。
猴子	男友总是会对不擅表达自我的她客气,像朋友般的恋人。	对按照自己步调生活的他而言,千变万化的她是个谜。	我行我素的他,对她又爱又烦。
狼	他是个爱撒娇的孩子,如果他互相关心,就是最合适的伴侣。	她能替他设身处地地想事情,是维系感情的关键。	他出乎意料地会照顾人。他直接的爱慕对她来说是负担。
无尾熊	他是个有趣的男友,能满足希望两个人在一起的女友的要求。	两个人不动声色的培养着感情,由她来主导会比较好。	会邀女友出去玩的他,是帮助她开阔眼界的人。
老虎	他有大哥的气度。刻意去给予实权是明智的做法。	切忌在讨厌浪费的男友面前挥霍。需要努力来强调自己的可靠性。	虽然他值得信赖,但不要强迫他的爱情,他讨厌被强迫。
黑豹	彼此都很擅长配合对方。懂得体贴的温柔伴侣。	充满信心的她不能了解他,会马上陷入低潮的心情。	要独占想经常保持恋爱感觉的他,似乎不太可能。
绵羊	心灵深处是互通的两个人,是一种不会太热恋的稳定关系。	她得遵守约定,如此一来就会彼此体贴。	期待恋情的他,和她理想中的另一半会有差距。
狸猫	她对男友的优柔寡断感到不安。如果老是责骂会陷入紧张的关系。	喜好相同的完美组合。	他会察觉到她的期待。能够做到心灵沟通的良好关系。
小鹿	温柔的他可能会因为女友怀恨在心的个性而发火。	他希望得到照顾时她总是会在身边,非常高兴。	彼此互相依靠感觉很好,可以创造属于两个人的世界。

● 横轴是女性的个性,纵轴是男性的个性。从交会处可得知彼此的速配度。

一语道破恋人关系

女性 男性	无尾熊	老虎	黑豹
狮子	她擅长诱惑他。优先考虑自己的快乐，关系会变得紧张起来。	总是很有精神努力的她，是男友会想向周围人炫耀的对象。	男生不担心会影响容易受伤的女生的情绪。
猎豹	平常不在意周围人眼光的他，在她面前有被限制的感觉。	处事皆合乎情理的她，对按部就班的他有所不满。	干练的一对情侣。彼此若以竞争的意识相对会弄得很糟。
飞马	她对无故失约的他有很多不满。	她会对我行我素的他感到烦躁不安。要维持恋人关系必须加倍努力。	男生自由的感觉对女生来说是种魅力。如果由男生主导会维持很好的关系。
大象	马上就会和其他男人要好的她，会让老实的他感到不安。	脚踏实地的个性是相同的。由她带头可以一起成长。	男生会阻止女生爱撒娇的个性。只要依赖心不是太重就一切OK。
猴子	和蔼可亲的他让她能够发挥友善的长处。	稳重的她会去辅助有些轻浮的他，是姐姐型的老婆。	男生会在意女友的异性缘。女生对机灵的他感到满足。
狼	他独特的风格吸引着她。彼此需要激情。	能发现他独具风格的魅力，懂得让他发挥长处的只有她。	女生被男生的独断专行所吸引。如果由女生主导，相处会很愉快。
无尾熊	人生观、价值观都很一致，两个人会一起营造快乐。	艺术方面的兴趣相同。是会相互共同发展的好关系。	男生喜欢为所欲为的大胆女生。
老虎	即使大吵一架，天亮就会没事了，是恩爱的一对。	不需要言传即可沟通。两个人会互相尊重。	男生在意世俗眼光，所以在男生面前切忌有轻浮的举动。
黑豹	擅长逗他开心的她对渴望自己被认可的他来说是完美的绝配。	潇洒的他吸引着她。他也很喜欢认真的她。	爱人的方式相当搭配的两个人，谁也不能阻挡的完美关系。
绵羊	喜欢尽情发挥的她听到他的牢骚会觉得不是滋味。	她会耐心听他的牢骚并鼓励他。女方会是主导。	俩人皆喜欢聊天。会互相发牢骚、互相安慰的好关系。
狸猫	他人很好，会配合她。但感觉会渐渐疏远。	平常强悍的她会不由自主地向他撒起娇来，关系非常融洽。	女生会有意接近男生，由男生主导会比较好。
小鹿	第一印象很好，但她渐渐会觉得有点不满足。	很会照顾人的她放不下可爱的他。	女生会向温柔的他撒娇。但是太过分男生也不会接受的。

● 横轴是女性的个性，纵轴是男性的个性。从交会处可得知彼此的速配度。

人际关系攻略

一语道破亲子关系

子 \ 亲	大象	猴子	狼
狮子	父母会支援向自己目标勇往直前的孩子。非常好的信赖关系。	猴子小孩在强悍的父母面前容易退缩。即使只是表面尊重父母也好。	和尊重自由的父母性情很合得来。忽视父母的做法会破坏彼此的关系。
猎豹	平常不开口，但遇到困难时会开朗地鼓励孩子的父母。	对喜欢装模作样的父母敬而远之的孩子。要学习父母积极的精神。	不气馁和让父母束手无策的孩子。让孩子自由发挥是最好的方法。
飞马	即使不知道彼此的生活作息，但只要碰面就是很好的亲子关系。	情绪多变的父母和不知所措的孩子。别指望父母是高明的相处之人。	双方都很任性。父母会被套入孩子的步调中。
大象	价值观一致，心灵相通的亲子。两个人如果吵起来会无法收拾。	很怕黏糊糊的关系的父母。猴子如果撒娇会变得更亲密。	狼如果强势一点，不动摇的大象也会听狼的话。
猴子	不可以对大象小孩子提出琐碎的指示。随便干预会很混乱。	即使不和朋友玩在一起，亲子关系也足够炒热气氛。	父母很活跃，让狼觉得眼花缭乱。这对亲子害羞的一面非常相似。
狼	狼父母会把自己的步调强加于孩子。一触即发的危险关系。	可以互相认可彼此的生活方式。对狼而言是值得自豪的孩子。	互相不干涉。像是一对在家里分居的亲子，但任何一方不在就会让彼此感到寂寞。
无尾熊	无尾熊父母如果强迫孩子拥有崇高理想，对大象而言是过重的负担。	如果一直保持微笑就会笑话不断。父母务实的建议恰如其分。	父母会以迎合以自我为中心的狼为乐。双方情投意合。
老虎	面对老虎父母会很坦率，他只会让大象的反抗心情越来越严重。	优秀父母懂得如何领导孩子。但如果忤逆父母会变得很严重。	会互相尊重彼此步调的亲子关系。不会相互依赖。
黑豹	父母严厉追问只会把大象逼到绝路。渐渐会因过分刺激而产生反效果。	很容易意气用事的亲子。以轻松的心情开玩笑会伤害到敏感的父母。	父母希望能得到关注，孩子却只在意自己的世界。
绵羊	虽然会认可孩子踏实的个性，却仍会发牢骚的父母。	父母是不能通融的老顽固。别反抗，慢慢来会比较好。	会认可把约定和常识看得比任何事都重要的父母，但又会反抗。
狸猫	不擅长自我表现的狸猫和沉默寡言的大象，努力去寻找相同点。	可以理解孩子思想的父母。但或许会有不能指望的随便个性。	会追究父母不负责任的态度的狼。但对狸猫来说是白费力气。
小鹿	大象会轻视耍脾气的父母。小鹿看起来很亲切，但性子很急。	很会教育小孩子的父母和很听话的小孩子。猴子还小的时候关系会很融洽。	个性强的小孩配上非常好奇的小鹿父母。对狼来说父母很啰嗦。

●所有的亲子关系一目了然！关系密不可分的亲子，若能彼此了解，便是最佳朋友！

一语道破恋人关系

子亲	狮子	猎豹	飞马
狮子	是个不会缠着孩子、不啰嗦的父母。放任态度让孩子觉得悠然自得。	很懂得避开严厉的父母,也很懂得如何被父母宠爱。不会是很黏的关系。	父母的放任让孩子觉得舒服。彼此不会干涉,但互相理解才是万全之策。
猎豹	充分享受人生的父母,对孩子而言是最佳模范。	彼此热衷于自己的乐趣,但依然很欣赏对方。	父母会因孩子太缺乏好奇心而不安。强迫孩子反而会产生反效果。
飞马	不会像其他父母那样强迫自己的孩子接受世俗的常识,像朋友一样的亲子关系。	即使父母很任性也能接受。不会对父母抱有太大期望的独立个性的人。	情绪的起伏可以互相理解,彼此都亲切的放任关系。
大象	会认可并鼓励好强又努力的孩子。把这样的孩子视为自己的骄傲。	孩子只要开朗健康就好,其他别无所求的父母。	孩子会反抗期待踏实生活的父母。但争执不会持续很久。
猴子	面对啰嗦的父母,胸襟开阔的气质也容易退缩。无法长谈的亲子关系。	会担心、干涉这个那个的父母。孩子会想逃,但不许忤逆父母。	孩子自由的个性在父母眼里看来只是任性。需要坐下来好好谈谈。
狼	能掌握父母和自己具有的不同生活方式。可以用对待大人的方式来相处。	听到父母的教诲会以笑脸面对,听了就算了。表面上很圆满。	面对孩子的情绪多变,父母会沉默不应。亲子顽固的脾气会引起冲突。
无尾熊	对老是担心孩子的将来的父母觉得厌烦。内心觉得父母是个胆小鬼。	遇到最糟糕状况时父母会担心,父母会很乐观地面对。谈不来。	强迫孩子要谨慎。因由上而下的强压态度使得关系紧张。
老虎	父母太正直了,让孩子觉得喘不过气来。必须拥有学习父母好的一面的习惯。	会因孩子的生活态度发生冲突。父母容易用自己的标准强加于孩子。	老虎父母不饶恕破坏家庭和谐的态度。孩子会觉得很拘束。
黑豹	感情用事的父母和会发火的孩子,偶尔爆发反而会变得感情很好。	没有特殊意思的话会意外伤了父母,要小心修辞。	希望孩子能听从自己的想法,但不好意思说的黑豹。孩子不理睬。
绵羊	讨厌牢骚很多的父母。偶尔慢慢听孩子说可以建立起良好的关系。	孩子在意自己,如果有事情会同自己商量就会很高兴的父母。	希望能和孩子变得很亲密的父母。多和他(她)们聊聊。
狸猫	会对轻佻只知道应付性回答的父母感到不满。摆出一副自傲的态度。	彼此都很有自信。要有一方愿意退让。	憨厚的狸猫父母对飞马而言是可以无话不谈的。
小鹿	因为父母什么都会为你做,所以容易轻视他们。别忘了要感谢。	可以像朋友一样玩在一起。靠亲子相反的力量关系可以得到很好的平衡性。	即使想为孩子们提出一些建议,但看到孩子的脸就会变得很胆小的父母。

●横轴是孩子的个性,纵轴是父母的个性。从交会处可得知彼此的速配度。

人际关系攻略

一语道破亲子关系

子 亲	绵羊	狸猫	小鹿
狮子	重视家人的狮子对喜欢人群的绵羊而言是可信赖的父母。	回答非常迅速的狸猫和不相信孩子的狮子父母。	面对威严的父母，小鹿总是战战兢兢。有刻意避开父母的倾向。
猎豹	对很早独立的猎豹而言，绵羊是让人担心的孩子。	亲子都很自信，而且会乐天地生活在一起，很有话聊。	积极开朗的父母会一直在后方努力推孩子一把。来自父母的影响很大。
飞马	会反抗满脑子只关心自己的父母。	乍一看是一对感情很好的亲子。一旦破坏了关系就会变得很紧张。	任性天真的父母和被动的小鹿，或许正乐于彼此所扮演的角色。
大象	彼此都对人生抱着认真的态度。父母是独立性格，孩子是共生性格。	沉默寡言的父母和害羞的孩子。对狸猫孩子说话是很重要的。	小鹿外柔内刚，所以无法从内心深处像刚强的父母撒娇。
猴子	冷静的绵羊会责备爱出风头的父母。让猴子觉得疲惫的孩子。	亲子很容易一起被骗。人品良好所以周围不缺乏人气的亲子。	即使是依赖心理很强的孩子，也会反抗连小事都要干涉的猴子父母。
狼	彼此都较多直接地表达。应付过分激烈的言辞是家常便饭。	巩固自己步调的狼很容易被孩子强迫接受他特殊的步调。	个性强但很爱孩子的父母。小鹿会像小猫般被宠爱。
无尾熊	恋爱经验丰富的父母和喜欢恋爱的孩子，会因为彼此的共同话题而兴趣不断。	喜欢不断讨自己开心的父母，是欢乐不断的家庭。	无尾熊父母能安慰容易积存压力的小鹿。
老虎	会为他人不辞辛劳的亲子，会赢得周围人很深的信赖感。	精力充沛的老虎会管理容易拖拖拉拉过日子的狸猫。	生活过得很有意义的老虎会斥责激励消极的小鹿。
黑豹	亲子都很会做人。两代人在一起会变得更加和谐。	悠闲的孩子和觉得厌烦的性急父母，个性互补。	很在意面子，对教育问题很积极。总是和小鹿发生冲突。
绵羊	彼此需要时会以心灵相唤。非常契合。	会耐心听消极的狸猫说话的父母，个性互补。	会巧妙引导话题的父母，对解除小鹿的压力很有帮助。
狸猫	狸猫父母的糊涂会影响绵羊的情绪。要保持距离比较好。	会在知识方面相互激励的亲子。彼此不会对对方抱有太高的期待。	温柔地解除小鹿在外的紧张感的父母。
小鹿	小鹿会高明地应付对父母。提出很多要求却又从不满足的绵羊。	讨厌争执的温和亲子关系。会制造亲切温和的气氛。	满腹爱心。很会教育孩子的父母和撒娇到底的孩子。

●横轴是孩子的个性，纵轴是父母的个性。从交会处可得知彼此的速配度。

一语道破亲子关系

子＼亲	无尾熊	老虎	黑豹
狮子	生气起来很可怕,但是却很单纯的父母。如果懂得相处之道可以建立起很好的关系。	面对自傲的孩子原则上会严厉管教。但行动却与想法不一致。	会对态度不稳定的黑豹感到烦躁的父母。一旦对立就会留下阴影。
猎豹	讨厌消极想法的猎豹,不会去听孩子们的牢骚。	自尊心强的猎豹连被孩子指责也感到很排斥。	容易和父母产生竞争意识。有时会因为对抗而无法坦诚面对。
飞马	感性敏锐的一面非常相似。彼此可以相互洞察想法。	不善于控制情绪的父母。面对自在的老虎总觉得难以应付。	怕寂寞的一面是相同的。只要能够制造谈话的机会便会使彼此得到谅解。
大象	擅长精打细算的孩子不能理解不考虑得失的父母。彼此需要互相让步。	老虎的过激话语会引来争执。单纯的大象会把话当真而生气。	会对多愁善感的孩子说些重话的父母。其实并无恶意。
猴子	猴子会满足于有个头脑好的孩子。无尾熊面对很深的期待会感到不自由。	即使被孩子差遣也会轻松面对的父母。但次数太频繁会造成对立关系。	操心的猴子会迎合孩子的需要。也必须关心父母。
狼	可配合步调独特的父母的无尾熊。由孩子主导会很合适。	朝令夕改的父母,要拥有不追究完全包容的度量。	会彼此用自己的方式处理事情。或许会在家中抢夺主导权。
无尾熊	会互相影响感性的亲子关系。在知识方面会互相刺激。	不会说谎的老虎和把谎言挂在嘴边的无尾熊非常互补。	总是会为你打气的父母,是跟你很契合的一家人。
老虎	对无尾熊的将来会提供物质和精神方面的援助,可以依靠的父母。	平衡感很强的孩子,会把家里人看得很重要。	要注意说话的修辞。会因黑豹断然的说话方式而引起冲突。
黑豹	富有活力而且脾气很好的父母,伤害到他(她)感情的话会变得很有攻击性。	会被喜欢引人注目的父母弄得团团转。好好忍耐会是完美的关系。	彼此只会谈到自己的事情,但不知为何会越聊越开心。
绵羊	容易反抗、把同样的事情重复好几遍的绵羊,听听就算了。	遵守约定的规矩父母,有点啰嗦的个性能睁一只眼闭一只眼去相处就OK。	温柔包容,多愁善感的黑豹的父母。父母的小牢骚听听就算了。
狸猫	或许会对父母粗枝大叶的应对方式感到生气,要学着不依赖父母。	容易轻视父母可爱的个性,试着放弃成见重新评估。	兴趣不同但都很喜欢打扮。对有竞争意识的黑豹不理不睬。
小鹿	会创造舒服且无忧无虑的家庭的父母,是会互相关心的良好关系。	不确认孩子是否喜欢自己便会不安的父母。说话的用词要亲切些。	喜欢肌肤之亲关系的父母。即使你在意他人的眼光,也要试着迎合。

● 横轴是孩子的个性,纵轴是父母的个性。从交会处可得知彼此的速配度。

149

你的动物个性是什么

这里是《人际关系攻略》的入口
先用一览表查阅自己的个性

横轴是出生年份，纵轴是出生月份。请参考第154页（动物个性调查法）寻找动物角色。如果出生日期不同于《户口簿》的出生日期，要用出生日期查阅。

表1

月＼年	1903	1904	1905	1906	1907	1908	1909	1910	1911	1912	1913	1914	1915	1916
1月	25	30	36	41	46	51	57	2	7	12	18	23	28	33
2月	56	1	7	12	17	22	28	33	38	43	49	54	59	4
3月	24	30	35	40	45	51	56	1	6	12	17	22	27	33
4月	55	1	6	11	16	22	27	32	37	43	48	53	58	4
5月	25	31	36	41	46	52	57	2	7	13	18	23	28	34
6月	56	2	7	12	17	23	28	33	38	44	49	54	59	5
7月	26	32	37	42	47	53	58	3	8	14	19	24	29	35
8月	57	3	8	13	18	24	29	34	39	45	50	55	0	6
9月	28	34	39	44	49	55	0	5	10	16	21	26	31	37
10月	58	4	9	14	19	25	30	35	40	46	51	56	1	7
11月	29	35	40	45	50	56	1	6	11	17	22	27	32	38
12月	59	5	10	15	20	26	31	36	41	47	52	57	2	8

月＼年	1917	1918	1919	1920	1921	1922	1923	1924	1925	1926	1927	1928	1929	1930
1月	39	44	49	54	0	5	10	15	21	26	31	36	42	47
2月	10	15	20	25	31	36	41	46	52	57	2	7	13	18
3月	38	43	48	54	59	4	9	15	20	25	30	36	41	46
4月	9	14	19	25	30	35	40	46	51	56	1	7	12	17
5月	39	44	49	55	0	5	10	16	21	26	31	37	42	47
6月	10	15	20	26	31	36	41	47	52	57	2	8	13	18
7月	40	45	50	56	1	6	11	17	22	27	32	38	43	48
8月	11	16	21	27	32	37	42	48	53	58	3	9	14	19
9月	42	47	52	58	3	8	13	19	24	29	34	40	45	50
10月	12	17	22	28	33	38	43	49	54	59	4	10	15	20
11月	43	48	53	59	4	9	14	20	25	30	35	41	46	51
12月	13	18	23	29	34	39	44	50	55	0	5	11	16	21

人际关系攻略

表 1

月\年	1931	1932	1933	1934	1935	1936	1937	1938	1939	1940	1941	1942	1943	1944
1月	52	57	3	8	13	18	24	29	34	39	45	50	55	0
2月	23	28	34	39	44	49	55	0	5	10	16	21	26	31
3月	51	57	2	7	12	18	23	28	33	39	44	49	54	0
4月	22	28	33	38	43	49	54	59	4	10	15	20	25	31
5月	52	58	3	8	13	19	24	29	34	40	45	50	55	1
6月	23	29	34	39	44	50	55	0	5	11	16	21	26	32
7月	53	59	4	9	14	20	25	30	35	41	46	51	56	2
8月	24	30	35	40	45	51	56	1	6	12	17	22	27	33
9月	55	1	6	11	16	22	27	32	37	43	48	53	58	4
10月	25	31	36	41	46	52	57	2	7	13	18	23	28	34
11月	56	2	7	12	17	23	28	33	38	44	49	54	59	5
12月	26	32	37	42	47	53	58	3	8	14	19	24	29	35

月\年	1945	1946	1947	1948	1949	1950	1951	1952	1953	1954	1955	1956	1957	1958
1月	6	11	16	21	27	32	37	42	48	53	58	3	9	14
2月	37	42	47	52	58	3	8	13	19	24	29	34	40	45
3月	5	10	15	21	26	31	36	42	47	52	57	3	8	13
4月	36	41	46	52	57	2	7	13	18	23	28	34	39	44
5月	6	11	16	22	27	32	37	43	48	53	58	4	9	14
6月	37	42	47	53	58	3	8	14	19	24	29	35	40	45
7月	7	12	17	23	28	33	38	44	49	54	59	5	10	15
8月	38	43	48	54	59	4	9	15	20	25	30	36	41	46
9月	9	14	19	25	30	35	40	46	51	56	1	7	12	17
10月	39	44	49	55	0	5	10	16	21	26	31	37	42	47
11月	10	15	20	26	31	36	41	47	52	57	2	8	13	18
12月	40	45	50	56	1	6	11	17	22	27	32	38	43	48

月\年	1959	1960	1961	1962	1963	1964	1965	1966	1967	1968	1969	1970	1971	1972
1月	19	24	30	35	40	45	51	56	1	6	12	17	22	27
2月	50	55	1	6	11	16	22	27	32	37	43	48	53	58
3月	18	24	29	34	39	45	50	55	0	6	11	16	21	27
4月	49	55	0	5	10	16	21	26	31	37	42	47	52	58
5月	19	25	30	35	40	46	51	56	1	7	12	17	22	28
6月	50	56	1	6	11	17	22	27	32	38	43	48	53	59
7月	20	26	31	36	41	47	52	57	2	8	13	18	23	29
8月	51	57	2	7	12	18	23	28	33	39	44	49	54	0
9月	22	28	33	38	43	49	54	59	4	10	15	20	25	31
10月	52	58	3	8	13	19	24	29	34	40	45	50	55	1
11月	23	29	34	39	44	50	55	0	5	11	16	21	26	32
12月	53	59	4	9	14	20	25	30	35	41	46	51	56	2

表 1

月＼年	1973	1974	1975	1976	1977	1978	1979	1980	1981	1982	1983	1984	1985	1986
1月	33	38	43	48	54	59	4	9	15	20	25	30	36	41
2月	4	9	14	19	25	30	35	40	46	51	56	1	7	12
3月	32	37	42	48	53	58	3	9	14	19	24	30	35	40
4月	3	8	13	19	24	29	34	40	45	50	55	1	6	11
5月	33	38	43	49	54	59	4	10	15	20	25	31	36	41
6月	4	9	14	20	25	30	35	41	46	51	56	2	7	12
7月	34	39	44	50	55	0	5	11	16	21	26	32	37	42
8月	5	10	15	21	26	31	36	42	47	52	57	3	8	13
9月	36	41	46	52	57	2	7	13	18	23	28	34	39	44
10月	6	11	16	22	27	32	37	43	48	53	58	4	9	14
11月	37	42	47	53	58	3	8	14	19	24	29	35	40	45
12月	7	12	17	23	28	33	38	44	49	54	59	5	10	15

月＼年	1987	1988	1989	1990	1991	1992	1993	1994	1995	1996	1997	1998	1999	2000
1月	46	51	57	2	7	12	18	23	28	33	39	44	49	54
2月	17	22	28	33	38	43	49	54	59	4	10	15	20	25
3月	45	51	56	1	6	12	17	22	27	33	38	43	48	54
4月	16	22	27	32	37	43	48	53	58	4	9	14	19	25
5月	46	52	57	2	7	13	18	23	28	34	39	44	49	55
6月	17	23	28	33	38	44	49	54	59	5	10	15	20	26
7月	47	53	58	3	8	14	19	24	29	35	40	45	50	56
8月	18	24	29	34	39	45	50	55	0	6	11	16	21	27
9月	49	55	0	5	10	16	21	26	31	37	42	47	52	58
10月	19	25	30	35	40	46	51	56	1	7	12	17	22	28
11月	50	56	1	6	11	17	22	27	32	38	43	48	53	59
12月	20	26	31	36	41	47	52	57	2	8	13	18	23	29

月＼年	2001	2002	2003	2004	2005	2006	2007	2008	2009	2010	2011	2012	2013	2014	2015
1月	0	5	10	15	21	26	31	36	42	47	52	57	3	8	13
2月	31	36	41	46	52	57	2	7	13	18	23	28	34	39	44
3月	59	4	9	15	20	25	30	36	41	46	51	57	2	7	12
4月	30	35	40	46	51	56	1	7	12	17	22	28	33	38	43
5月	0	5	10	16	21	26	31	37	42	47	52	58	3	8	13
6月	31	36	41	47	52	57	2	8	13	18	23	29	34	39	44
7月	1	6	11	17	22	27	32	38	43	48	53	59	4	9	14
8月	32	37	42	48	53	58	3	9	14	19	24	30	35	40	45
9月	3	8	13	19	24	29	34	40	45	50	55	1	6	11	16
10月	33	38	43	49	54	59	4	10	15	20	25	31	36	41	46
11月	4	9	14	20	25	30	35	41	46	51	56	2	7	12	17
12月	34	39	44	50	55	0	5	11	16	21	26	32	37	42	47

人际关系攻略

表2

1	猎豹	11	小鹿	21	飞马	31	大象	41	狸猫	51	狮子
2	狸猫	12	大象	22	飞马	32	小鹿	42	猎豹	52	狮子
3	猴子	13	猴子	23	绵羊	33	无尾熊	43	老虎	53	黑豹
4	无尾熊	14	绵羊	24	狼	34	猴子	44	黑豹	54	老虎
5	黑豹	15	猴子	25	狼	35	绵羊	45	无尾熊	55	老虎
6	老虎	16	无尾熊	26	绵羊	36	狼	46	猴子	56	黑豹
7	猎豹	17	小鹿	27	飞马	37	大象	47	狸猫	57	狮子
8	狸猫	18	大象	28	飞马	38	小鹿	48	猎豹	58	狮子
9	猴子	19	狼	29	绵羊	39	无尾熊	49	老虎	59	黑豹
10	无尾熊	20	绵羊	30	狼	40	猴子	50	黑豹	60	老虎

动物个性调查法：

1. 在表1中，查阅自己出生年份和月份相交的数字。

2. 其数字加上自己的出生日（相加结果如超过61，则减掉60）。

3. 在表2中，查阅在②时计算出数字旁边的"动物角色"。

例如：出生年月日为1970年9月25日

→ 1970年和9月相交的数字为20

→ 20+25=45

→ 45为无尾熊